Guy de Maupassant

The Necklace

& Other Stories

목걸이 외

Retold by James McNaughton

발 행 인	민 선 식
펴 낸 곳	●●● THE**TEXT** ●●● A YBM COMPANY
초판발행	2007년 12월 26일
4쇄발행	2015년 1월 12일
등록일자	2012년 4월 12일
등록번호	제300-2012-60호 서울시 종로구 종로 104 TEL (02) 2000-0515 FAX (02) 2271-0172
Copyright	©2007 THETEXT
ISBN	978-89-92228-84-8
인터넷 홈페이지	http://www.ybmbooks.com

머리말

21세기 현대 생활 전반에서 영어는 큰 비중을 차지하고 있으며, 영어 실력은 한 사람을 평가하는 중요한 척도로 자리 잡았습니다. 영어 실력을 배양하기 위해서는 완전하면서도 자연스러운 원어민의 말과 글을 많이 접하고 느껴야 합니다.

이를 위해 YBM/Si-sa 가족인 THE TEXT는 세계 문학사에 빛나는 작품들을 엄선하여 The Classic House를 펴내게 되었습니다. 세계적인 명작들은 숨가쁜 현대를 살아가는 우리들에게 글 읽기의 즐거움과 함께 그 심오한 사고의 깊이로 시대를 초월한 감동을 선사합니다.

그러나 이들 문학 작품들이 탄생한 시대의 문체와 현대의 문체 사이에는 큰 차이가 있어서 영어를 사랑하는 사람들도 접근하기가 힘든 점이 있습니다. 이에 THE TEXT는 원작의 내용을 그대로 살리면서 보다 쉽고 간결한 문체로 원작을 재구성하여, 독자 여러분이 명작의 감동을 그대로 느끼면서 현대 영어를 자연스럽게 체득할 수 있도록 배려하였습니다.

The Classic House가 독자 여러분의 영어 실력 향상뿐 아니라 풍부한 정서 함양과 문학적, 문화적 교양을 배양하는 데 큰 도움이 되기를 기대합니다.

이 책의 특징

폭넓은 독자층 대상 고등학생, 대학생, 일반 성인 등 다양한 독자들이 쉽게 접근할 수 있는 영어 수준으로 구성하였습니다. 부담 없이 읽는 가운데 영어실력이 향상됩니다.

읽기 쉬운 현대 영어로 전문 재구성 영어권 작가들이 원작의 분위기와 의도를 최대한 살려서, 고전적인 문체와 표현을 현대 영어로 바꿔 이해하기 쉽게 다시 집필하였습니다.

친절한 어휘해설 및 내용설명 오른쪽 페이지의 주해(Footnotes)를 통해, 본문 어휘풀이뿐 아니라 내용 이해에 필요한 상황설명과 문화정보(Cultural tips)도 함께 제공합니다.

유려한 우리말 번역 영어 본문 뒤에「명작 우리글로 다시읽기」를 실었습니다. 훌륭한 번역서의 기능을 하며, 해당 영문의 페이지도 표시하여 찾아보기 쉽도록 하였습니다.

본문 표현을 활용한 생활영어 권말에는「명작에서 찾은 생활영어」가 있습니다. 영어 본문에서 생활영어로 활용 가능한 표현이나 문장을 뽑아 상세한 해설과 함께 실었습니다.

원어민이 녹음한 MP3 file www.ybmbooks.com에서 원어민이 영문을 낭독한 MP3 파일을 무료로 다운로드 받아 읽기 능력뿐 아니라 듣기 능력과 발음이 향상되도록 하였습니다.

이 책의 활용법

Listening Casually 본격적으로 책을 읽기에 앞서 MP3 파일을 들으면서 책의 내용을 추측해 봅니다. 들리지 않는 단어가 나오더라도 본문을 참고하지 않도록 합니다.

Reading Through 영어 본문을 본격적으로 읽습니다. 문장을 읽다 간혹 모르는 단어가 나오더라도 멈추지 않고 이야기의 흐름을 파악하는 데 중점을 두면서 읽습니다.

Reading Carefully 오른쪽 페이지 하단의 주해와 책 말미에 있는 「명작 우리글로 다시읽기」를 참고하여 문장의 정확한 의미 파악에 주력하며 다시 한번 영문을 읽습니다.

Listening Carefully 상기한 3단계를 거치며 영문의 의미를 파악한 다음, 이전에 들리지 않았던 영문이 완전히 들릴 때까지 MP3 파일을 반복해서 청취합니다.

Speaking Aloud MP3 파일을 자신이 따라할 수 있는 속도로 조절해 가면서 원어민의 발음, 억양, 어투 등에 최대한 가깝게 발성하면 회화에 큰 도움이 됩니다.

Speaking Fluently 「명작에서 찾은 생활영어」를 통해 실생활에 유용하게 쓰일 수 있는 회화 표현들을 자연스럽게 익혀 유창하게 말할 수 있도록 합니다.

저자소개

기 드 모파상(Guy de Maupassant) 프랑스, 1850~1893

모파상은 노르망디(Normandy)의 부유한 가정에서 태어났다. 어머니와 친분이 있던 플로베르(Gustave Flaubert, 1821 ~1880)에게 문학수업을 받던 중, 1870년 보불전쟁(Franco-Prussian War)이 일어나자 학업을 중단하고 참전하였으며, 이때의 경험은 이후 모파상의 작품세계에 큰 영향을 미쳤다.

1880년 졸라(Émile Zola, 1840~1902)가 간행한 단편집 「메당의 저녁(Evenings at Médan)」에 실린 「비곗덩어리(Boule de Suif)」로 문단에 데뷔한 모파상은 이후 「테리에 집(The House of Madame Tellier, 1881)」, 「피피 양(Mademoiselle Fifi, 1882)」, 「미스 하리에트(Miss Harriet, 1884)」, 「달빛 (Moon-light, 1884)」, 「낮과 밤의 이야기(Stories of the Day and the Night, 1885)」 등의 단편집과, 장편소설 「여자의 일생 (A Woman's Life, 1883)」, 「벨 아미(Bel-Ami, 1885)」, 「피에르와 장(Pierre and Jean, 1888)」 등을 발표하여 프랑스를 대표하는 작가가 되었다.

모파상은 3백여 편의 단편과 6편의 장편 등 많은 작품을 남기고 과로와 우울증에 따른 건강악화로 43세의 젊은 나이에 타계하였으나, 운명 앞에 선 인간의 한계와 전쟁의 비인간성을 날카롭게 그려낸 그의 작가정신은 오늘날까지 높이 평가되고 있다.

작품소개

탄탄한 짜임새와 인물묘사의 치밀함으로 현대 단편 문학의 교과서라는 평가를 받고 있는 모파상의 단편은 인간사회의 위선과 잔인성, 그리고 그 속에 내재한 숙명의식으로 인해 불행을 맞는 개인의 모습을 냉소적인 문체로 그리고 있는 것이 특징이다. 본서에서는, 모파상의 단편 가운데 일반에 가장 많이 알려진 7편을 엄선하여 수록하였다.

「목걸이(The Necklace)」와 「보석(The False Gems)」은 가짜가 진짜로, 혹은 진짜가 가짜로 오인된 보석을 통해 인간운명의 허망함을 역설적으로 표현하고 있으며, 「비곗덩어리」와 「두 친구(Two Friends)」는 보불전쟁을 배경으로 전쟁이라는 폭력 앞에 무너지는 인간성을 보여준다. 또한 「의자 고치는 여인(Lasting Love)」, 「테리에 집」 그리고 「쥘르 삼촌(My Uncle Jules)」은 각각 떠돌이 여인, 매춘업소, 그리고 하급 공무원 집안을 소재로 사회 하층민이 겪는 삶의 애환을 그리고 있다.

모파상의 단편들은 탐욕스럽고 어리석은 인간 본성을 치장과 과장 없이 직선적으로 보여주는 한편, 무감각해 보이는 어조와 냉소적 유머 속에 인간에 대한 따뜻한 연민을 담고 있어 독자에게 더욱 깊은 감동을 준다. 이로 인해 100여 년의 세월이 흐른 오늘날에도 그의 단편들은 현대인의 공감을 이끌어 내며 많은 사랑을 받고 있다.

작 · 품 · 이 · 해 · 하 · 기

목걸이 The Necklace

아름다운 외모를 타고났지만 가난한 마틸드(**Mathilde**)는 친구에게 빌린 다이아몬드 목걸이를 잃어버리자 빚을 내어 새로 사서 돌려준다. 빚을 갚기 위해 오랜 세월 힘겹게 살고 난 뒤에야 그때의 목걸이가 가짜였음을 알게 되는 여주인공을 통해 겉치레에 현혹된 인간의 어리석음을 보여주는 작품이다.

비곗덩어리 Boule de Suif

비곗덩어리라는 별명을 가진 매춘부는 프로이센군이 쳐들어오자 피난을 떠난다. 사회지도층으로 행세하는 사람들과 피난 마차에 동승한 그녀는 피난길에 어려움이 닥칠 때마다 자신을 희생하여 일행을 구하지만 목적을 달성한 일행은 이용가치가 없어진 그녀를 짓밟고 무시한다. 극한 상황에서 잔인한 이기심을 드러내는 인간들을 통해 진정한 적은 누구인가라는 의문을 제기하는 작품이다.

두 친구 Two Friends

낚시를 좋아하는 두 친구는 어느 날 술기운에 적군의 주둔지 근처까지 가서 낚시를 하다가 포로로 잡히고 만다. 전쟁에 대한 현실적 이해조차 부족한 순박한 사람들의 생명이 무참히 짓밟히는 모습을 통해 전쟁이 얼마나 큰 폭력인지 보여준다.

의자 고치는 여인 Lasting Love

평생 한 남자만을 사랑하며 그에게 힘들게 번 돈을 바치는 떠돌이 여인을 통해서, 가난한 사람의 지고지순한 사랑을 금전적으로 계산하는 인간의 탐욕을 비판하는 작품이다.

테리에 집 The House of Madame Tellier

매춘부들의 일상을 해학적으로 그린 작품으로, 천대받는 직업을 가진 여자들이 지닌 낭만과 인정미, 그리고 이들의 직업을 모르는 사람들이 이들에게 보이는 존경을 통해 인간사회의 편견을 꼬집고 있다.

보석 The False Gems

가난한 남편은 죽은 아내의 보석을 처분하려다 놀라운 비밀을 접한다. 진짜와 가짜가 뒤바뀐 것을 깨닫는 과정에서 주인공의 운명까지 바뀌는 상황을 통해 인생의 아이러니를 엿볼 수 있다.

쥘르 삼촌 My Uncle Jules

미국으로 떠난 쥘르 삼촌이 부자가 되어 금의환향할 것이라는 가난한 가족의 꿈이 예기치 않은 사건으로 풍비박산 나고 만다. 금전 앞에서 위선적일 수밖에 없는 소시민의 모습을 풍자한 작품이다.

CONTENTS

The Necklace

She was one of those pretty and charming girls,
who were born, as if by a slip of fate,
into a family of little clerks.

She was one of those pretty and charming girls, who were born, as if by a slip of fate,[*] into a family of little clerks.[*] She had no dowry and no expectations,[*] so she let herself be married to a clerk of the Ministry of Public Instruction.[*]

She dressed plainly because she could not afford to dress well. She was unhappy, as if she had really fallen from a higher place. For some women, beauty, grace and charm take the place of family and birth. Their natural intelligence and instinct for what is elegant makes these women the equals of the very greatest ladies.

Mathilde suffered constantly because she felt that she was born to enjoy all the luxuries of life. She was distressed at the poverty of her house, at the bareness of the walls, at the shabby chairs, and at the ugliness of the curtains. All those things, which another woman of her rank[*] would never even have noticed, tortured her and made her angry. She dreamed of silent chambers hung with oriental tapestry, and of many servants. She dreamed of long halls draped with ancient silk, of cabinets containing priceless curiosities,* and of perfumed drawing rooms where intimate friends, famous men, and envious women all came to chat with her.

When she sat down to dinner opposite her husband, before the round table covered with a tablecloth which hadn't been changed for three days, and when her husband opened the soup tureen* and declared with a delighted air, "Ah, the good soup! I don't know anything better than that," she thought of delicious dishes on marvelous plates, and of shining silverware. And she imagined young men whispering compliments, to which she would listen with a smile while she ate the pink meat of a trout* or the wings of a quail.*

She had no gorgeous dresses, no jewels, nothing, and she loved those things more than anything. She felt she was made for* them. She des-

---

as if by a slip of fate 마치 운명의 실수처럼 clerk 월급쟁이, 하급 공무원
expectations 유산상속 가망성 Ministry of Public Instruction (프랑스) 문
부성 of her rank 그녀와 같은 계급의 curiosity 골동품 tureen (뚜껑 달린)
수프 그릇 trout 송어 quail 메추라기 made for ···에 딱 어울리는

perately wished to be envied, to be charming, and to be sought after.*

She had a friend, a former schoolmate at the convent,* who was rich. But she did not like to go to see her friend any more because she felt so sad when she came home.

One evening her husband came home triumphantly holding a large envelope in his hand.

"There," he said, "there is something for you."

She tore the envelope quickly and drew out a printed card which bore these words:

The Minister of Public Instruction and Mrs. Georges Ramponneau request the honor of Mr. and Mrs. Loisel's company* at the palace of the Ministry* on Monday evening, January 18th.

Instead of being delighted, as her husband had hoped, she threw the invitation on the table crossly,* muttering, "What do you wish me to do with that?"

"Why,* my dear, I thought you would be glad. You never go out, and this is such a fine opportunity. I had great trouble to* get it. Everyone wants to go, but it is very select,[*] and they are not giving many invitations to clerks. The whole official world[*] will be there."

She looked at him with an irritated glance and said impatiently, "And what do you wish me to wear?"

He had not thought of that. He stammered, "Why, the dress you go to the theater in. It looks very fine to me."

He stopped, seeing that his wife was weeping. Two great tears ran slowly from her eyes toward the corners of her mouth.

"What's the matter? What's the matter?" he cried.

"Nothing," she replied, wiping her wet cheeks, "only I have no ball-dress, therefore, I can't go to this ball. Give your invitation to some colleague whose wife is better dressed than I am."

He was upset. He said, "Come, come, Mathilde. How much would a suitable dress cost – something quite simple, which you could wear

---

sought after 인기 있는 convent 수녀원에 딸린 여학교 request the ~
Loisel's company 루아젤 부부께서 참석하시어 자리를 빛내주십시오 palace
of the Ministry 관저 crossly 토라져서 why (감탄사) 이런 have trouble
to …하느라 고생하다 select 선별된 사람만을 위한 official world 정부인사들

again?"

She thought for several seconds, wondering what sum she could ask without receiving an immediate refusal and frightened cry from this economical clerk. Finally she replied, "I don't know exactly, but I think I could manage it with four hundred francs."

He grew a little pale, because he had just saved that exact amount to buy a gun to go duck-shooting the next summer with some friends. But he said, "Very well. I will give you four hundred francs. Please choose a pretty dress."

The day of the ball drew near* and Mrs. Loisel still seemed sad, uneasy, and anxious although her dress was ready. Her husband asked her again one evening, "What is the matter? You have seemed very strange these last three days."

She answered, "It annoys me not to have a single piece of jewelry, not a single ornament,* nothing to put on. I shall look poor. I would almost rather not* go at all."

"You should wear flowers," said her husband. "They're very stylish at this time of year.* For ten francs you can get two or three magnificent roses."

She was not convinced. "No, there's nothing more humiliating than to look poor among other women who are rich," she said.

"How stupid you are!" her husband cried. "Go visit your friend, Mrs. Forestier, and ask her to lend you some jewels. You know her well enough to do that."

She uttered a cry of joy,* "True! I never thought of it."

The next day she went to her friend and explained her problem. Mrs. Forestier went to a wardrobe with a mirror, took out a large jewel box, brought it back, opened it and said, "Choose, my dear."

She first saw some bracelets, then a pearl necklace, then a gold cross set with* precious stones. She tried on the ornaments before the mirror, but nothing seemed quite right. She kept asking, "Haven't you got anything else?"

"Why, yes. Look further, I don't know what you like."

---

draw near (날짜 등이) 다가오다 ornament 패물, 장신구 would almost rather not 차라리 …하지 않는 것이 낫겠다 at this time of year 일 년 중 이맘때 utter a cry of joy 환호성을 지르다 set with (장신구에) …가 박힌

Suddenly she discovered, in a black satin* box, a superb diamond necklace, and her heart beat fast with desire. Her hands trembled as she took it. She fastened it around her neck, and was lost in ecstasy at* her reflection in the mirror. Then she asked, hesitating, filled with anxious doubt, "Will you lend me this, only this?"

"Why, yes, certainly."

She threw her arms around her friend's neck, kissed her passionately, then left with her treasure.

The night of the ball arrived. Mrs. Loisel was a great success. She was prettier than any other woman present.* She was elegant, graceful, smiling and wild with* joy. All the men looked at her, asked her name, and wanted to waltz with her.

She danced, triumphant in her beauty. The glory of her success filled her with that happiness which is so sweet to woman's heart.

She left the ball about four o'clock in the morning. Her husband had been sleeping since midnight in a little deserted* room with three other gentlemen whose wives were enjoying the ball.

He threw over her shoulders the modest cloak*

"I've lost Mrs. Forestier's necklace,"
cried Mathilde.

satin 공단 be lost in ecstasy at …을 보고 황홀경에 빠지다 prettier than
any other woman present 그 자리에 있던 다른 어떤 여자보다도 더 예쁜
wild with …로 몹시 흥분한 deserted 사람이 없는, 텅 빈 cloak (소매 없는 망
토형) 외투

he had brought, and its shabbiness contrasted sharply with the elegance of the ball-dress. She felt this and tried to leave quickly, so as not to[*] be seen by the other women, who were wrapping themselves in costly furs. Loisel held her back,[*] saying, "Wait a bit. You will catch a cold outside. I will call a carriage.[*]"

But she did not listen to him and rapidly descended the stairs. When they reached the street they could not find a carriage and began to look for one, shouting after the carriage drivers passing at a distance. At last they walked as far as to the Seine,[*] and there found a carriage, and it took them home. They mounted the stairs sadly to their flat.[*] All was ended for her. He reflected that he must be at the ministry at ten o'clock that morning.

She removed her cloak before the mirror to see herself once more in all her glory. But suddenly she uttered a cry. She no longer had the necklace around her neck!

"What is the matter with you?" demanded her husband, already half undressed.

She turned toward him, confused. "I have... I have... I've lost Mrs. Forestier's necklace," she cried.

He stood up, bewildered. "What! How? Impossible!"

They looked among the folds of her dress, of her cloak, in her pockets, everywhere, but did not find it.

"Are you sure you had it on* when you left the ball?" he asked.

"Yes, I felt* it as we left the minister's house."

"But if you had lost it in the street we should have heard it fall. It must be in the carriage."

"Yes, probably. Did you take his number?"

"No. And you – did you notice it?"

"No."

They looked, thunderstruck,* at each other. At last Loisel put his clothes back on. "I shall go back on foot," he said, "over the whole route, to see whether I can find it."

He went out. She sat waiting on a chair in her ball-dress, without strength to go to bed, over-whelmed, without any fire,* without a thought.

---

so as not to …하지 않기 위하여 hold... back …을 붙들다(말리다) carriage
(삯)마차 the Seine 센 강(江) flat 작은 아파트 have... on …을 차고(입고) 있
다 feel …을 만져보다 thunderstruck 혼비백산한 without any fire 불을
전혀 피우지 않고

Her husband returned about seven o'clock. He had found nothing. Then he went to police headquarters, [*] to the newspaper offices to offer a reward, [*] and to the carriage companies – everywhere.

She waited all day, in the same condition of mad fear before this terrible disaster.

Loisel returned at night with a hollow, pale face. He had discovered nothing. "You must write to your friend," he said, "that you have broken the clasp of her necklace and that you are having it mended. That will give us time to do something."

At the end of a week they had lost all hope. Loisel, who had aged five years, declared, "We must consider how to replace that necklace."

The next day they took the box that had contained the necklace, and went to the jeweler whose name was found within. He consulted his books. [*]

"It was not I, madam, who sold that necklace. I must only have supplied the case."

Then they went from jeweler to jeweler, searching for a necklace exactly like the lost one, trying to recall it. Both were sick with grief and worry.

They found, in a shop at the Palais Royal,[*] a string of diamonds that seemed to them exactly like the one they had lost. It was worth[*] forty thousand francs. They were told they could have it for thirty-six thousand.

Loisel possessed eighteen thousand francs which his father had left him. He borrowed the rest, asking a thousand francs of one friend, five hundred of another, five louis[*] here, three louis there. He gave notes,[*] took loans at high interest,[*] and risked his life by signing contracts without even knowing whether he could honor[*] them. He laid thirty-six thousand francs upon the jeweler's counter, and bought the new necklace.

When Mrs. Loisel took back the necklace, Mrs. Forestier said to her with a chilly manner, "You should have returned it sooner. I might have needed it."

She did not open the case, as her friend had so much feared. If she had discovered the substitu-

---

police headquarters 경찰서 offer a reward 현상금을 걸다 books 거래 장부 Palais Royal 팔레 루아얄: 프랑스 파리에 있는 왕궁 worth …의 값이 나가 는 louis 루이: 20프랑짜리 금화 give a note 어음을 발행하다 take a loan at high interest 고리로 대출 받다 honor 기일에 맞춰 지불하다

tion, what would she have thought, what would she have said? She might have taken Mrs. Loisel for a thief.

From that moment Mrs. Loisel knew how horrible the existence* of the poor was. But she struggled heroically. That dreadful debt must be paid. She would pay it. They dismissed their servant, changed their lodgings and rented an attic under the roof.

She learned what heavy housework and hard work in the kitchen meant. She washed the dishes, spoiling her dainty fingers and nails on greasy pots and pans. She washed the dirty linen and clothes, which she dried upon a line.* She carried the garbage down to the street every morning and carried up the water, stopping for breath at every landing. Dressed like a common woman, she went to the greengrocer,* the grocer, and the butcher, with a basket on her arm, and bargained hard for every miserable sou.*

Every month they had to pay off loans, renew others, and obtain more time.

Her husband worked evenings as well, and late at night he often copied manuscripts* for five sous a page.

This life lasted ten years.

At the end of ten years they had paid all their debts, everything including the very high compound interest.* But Mrs. Loisel looked old now. She had become the woman of a poor household – strong and hard and rough. With messy hair, old clothes, and red hands, she talked loudly while mopping the floor with great swishes of water.* But sometimes, when her husband was at the office, she sat down near the window and thought of that wonderful evening of long ago, of that ball where she had been so beautiful and so admired.

What would have happened if she had not lost that necklace? Who knows? How strange life is! Only a small thing is needed to make or ruin* us!

But one Sunday, having gone to take a walk in the Champs-Élysées to refresh herself after the labors of the week, she suddenly saw a woman who was with a child. It was Mrs. Forestier, still young, still beautiful, and still charming.

---

existence 생활(방식) dry... upon a line …을 빨랫줄에 널어 말리다 green-grocer 채소장수 sou 수: 프랑스의 옛 동전 copy manuscripts 대서(代書)하다 compound interest 복리이자 mopping the ~ of water 자루걸레에 물을 묻혀 바닥을 획획 쓸며 make or ruin …을 흥하게도 망하게도 하다

Mrs. Loisel wondered if she should speak to her. Yes, certainly. Now that* she had paid all her debt, she would tell her all about it. Why not? So she went up to her, and said, "Good day, Jeanne."

Mrs. Forestier, astonished to be called by her first name by this plain housewife, did not recognize her friend at all, and stammered, "But madam! I do not know you. You must be mistaken."

"No. I am Mathilde Loisel."

Her friend uttered a cry,* "Oh, my poor Mathilde! How you are changed!"

"Yes, I have had a pretty hard life, since I last saw you, and great poverty – and that was because of you!"

"Of me! How?"

"Do you remember that diamond necklace you lent me to wear at the ministerial ball?*"

"Yes. Well?"

"Well, I lost it."

"What do you mean? You brought it back."

"I brought you back another exactly like it. And it has taken us ten years to pay for it. You can understand that it was not easy for us, for us who had nothing. At last it is ended, and I am very glad."

Mrs. Forestier had stopped. "You say that you bought a necklace of diamonds to replace mine?"

"Yes. You never noticed it, then! They were very similar." And she smiled with a joy that was at once* proud and honest.

Mrs. Forestier, deeply moved, took her friend's hands and said, "Oh, my poor Mathilde! Why, my necklace was a fake! It was worth at most* only five hundred francs!"

---

now that 이제 …(했으니)하니 utter a cry 탄성을 지르다 ministerial ball 장관이 주최한 무도회 at once 동시에 at most 많아 봐야, 고작 해야

Boule de Suif

The woman, a courtesan,
was very plump for her age,
and had the nickname of "Boule de Suif."

For several days small disorganized groups of a defeated army had passed through the town. The men had long, dirty beards and their uniforms were tattered. They moved slowly, without a flag, without a leader. All seemed exhausted, worn out, marching merely by force of habit,* and dropping to the ground the moment they stopped. The retreating army was a mixture of many units: soldiers in red breeches,* dark-uniformed artillerymen, nondescript foot soldiers and, here and there, gleaming helmets of horseless cavalrymen.

Rumor had it that* the Prussians* were about to enter Rouen.

The members of the National Guard* had been scouting* very carefully in the neighboring woods for the past two months. They were occasionally shooting their own sentinels* and preparing to fight whenever a rabbit moved under the trees. But they had now returned to their homes. Then a profound calm, a silent dread, settled on the city. Its citizens, mostly round-bellied,[*] timid tradesmen, anxiously awaited the conqueror. They were afraid that their kitchen knives should be looked upon as weapons.

Life seemed to have stopped. The shops were shut, the streets deserted. Now and then an inhabitant, afraid of the silence, glided swiftly by along the walls. The terrible suspense made men even desire the arrival of the enemy.

The day after the departure of the last French troops, a number of German cavalrymen passed rapidly through the streets. A little later on, a black mass of the German army poured into the town, its battalions making the pavement ring with their firm, rhythmic steps.

Orders shouted in a harsh, unknown language rose to the windows of the seemingly dead, deserted houses. Behind the closed shutters curious eyes watched the new masters of the city. The inhabitants, in their darkened rooms, were

---

by force of habit 타성으로   breeches (남성용) 반바지   rumor has it that 소문에 의하면 …이다   Prussians 프로이센군; 독일 연방 프로이센과 나폴레옹 3세 치하 프랑스간 보불전쟁(Franco-Prussian War, 1870~71) 당시의 점령군   National Guard 민병대   scout 정찰하다   sentinel 보초병   round-bellied 배에 살이 찐

filled with a terror. It was the kind of terror that arises in natural disasters, in which all human skill and strength are useless, and security no longer exists. All that had protected the laws of men and nature now seemed to be at the mercy of* unreasoning, savage force.

Small detachments* of soldiers knocked at each door, and then disappeared within the houses, for the conquered knew they would have to be civil to their conquerors.

Once the first terror had passed, calm returned. In many houses the Prussian officer ate at the same table as the family. The officer was often civil, and politely expressed sympathy with* France, and his disapproval of the war. His new hosts showed their gratitude, and were polite because the officer's protection might be useful some day. And it seemed unwise to offend a person with so much power – such behavior would not be brave, but foolish. Also, the national reputation for politeness* had to be maintained. The people of Rouen said to one another that it was right to be civil in one's own house, as long as there was no public display of* friendship with the foreigner. Out of doors, therefore, citizen and soldier did not know each other, but in the house both chatted freely, and each evening the German remained a little longer warming himself at the same fireplace as the citizen.

The town settled into a routine.[*] The French seldom went out, but the streets were filled with Prussian soldiers. And there was something in the air, something strange and subtle, an intolerable foreign atmosphere like a penetrating odor – the odor of invasion. It permeated houses and public places, and even changed the taste of food.

The conquerors demanded money, a lot of money. The inhabitants paid what was asked because they were rich. But the wealthier a man becomes, the more[*] he suffers at losing anything that belongs to him.

Out of the town, along the course of the river as it flowed onward to Biessart, boatmen and fishermen often hauled the body of a German to the surface of the water. These bodies, killed by

---

be at the mercy of …에 좌지우지되다   detachment (군대) 분대   express sympathy with …에 동정을 표하다   national reputation for politeness 친절한 나라라는 평판   public display of 공공연히 …을 드러냄   settle into a routine 일상으로 돌아가다   the more A, the more B A할수록 B하다

a blow from knife or club, were bloated[*] in their uniforms. Often the mud of the riverbed[*] swallowed up these secret acts of vengeance – these unrecorded deeds of bravery – these silent attacks fought with greater danger than battles in broad daylight.[*] Hatred of the foreigner always arms a few brave souls[*] who are ready to die for an idea.[*]

The invaders were very strict, but did not commit any deeds of horror. So the people grew bolder, and the local merchants began to think about business again. Some of them had important commercial interests[*] at Le Havre – still occupied by the French army – and wished to reach that port by land to Dieppe, then by boat from there.

Through the influence of the German officers whose acquaintance they had made, they obtained a permit to leave the town from the general in command.[*] A large four-horse coach[*] was engaged to carry ten passengers for the journey. They decided to start one Tuesday morning before daybreak, to avoid attracting a crowd.

At half past four in the morning the travelers met in the courtyard of the Hôtel de Normandie, where they were to take their seats in the coach. It was snowing. They were still half asleep, and shivering with cold under their overcoats. They couldn't see one another clearly in the darkness and under the mountain of heavy winter clothes each was wearing. But two men recognized each other, a third approached them, and the three began to talk. "I am bringing my wife," said one. "So am I," said another, and the other said, "Me too." The first speaker added, "We shall not return to Rouen, and if the Prussians approach Le Havre we will cross to England." All three had made the same plans.

Still the horses were not harnessed.* A thick curtain of white snowflakes fell ceaselessly to the ground, and it erased all outlines. Nothing was to be heard throughout the silent, winter-bound* city except for the vague rustle* of falling snow. It was a sensation rather than a sound, which seemed to fill all space, to cover the whole world.

---

bloated (물에) 붙은 riverbed 강바닥 in broad daylight 대낮에 arm brave souls 용감한 사람들을 무장시키다 idea 사상 interests 이해관계 general in command 총사령관 four-horse coach 합승용 사두마차 harness (말을 마차에) 매다 winter-bound 한겨울의 rustle 사각거리는 소리

A man appeared with his lantern, leading the horses. He looked at the motionless group of travelers, already white with snow, and said to them, "Why don't you get inside the coach? You'll be sheltered.*"

This did not seem to have occurred to* them, and they took his advice at once. The three men seated their wives at the far end of the coach, then got in themselves. Lastly the other vague, snow-covered forms took the remaining places without a word. The floor was covered with straw, into which their feet sank. The ladies at the far end had brought with them little copper foot warmers,* and lit them.

At last, the horses were harnessed to the coach. A voice outside asked, "Is everyone there?" A voice from inside replied, "Yes," and they set out.

The vehicle moved slowly, slowly, at a snail's pace.* The wheels would sink into the snow, and the entire body of the coach creaked and groaned. The horses slipped, puffed, and steamed. The coachman's long whip cracked* constantly.

It stopped snowing. A murky light fell through

dark, heavy clouds, which made the country more dazzlingly white by contrast. It was a whiteness broken sometimes by a row of tall trees spangled with frost, or by a cottage roof covered in snow.

Within the coach the passengers looked at one another curiously in the dim light of dawn.

Right at the back, in the best seats of all, Mr. and Mrs. Loiseau, wine wholesalers of the Rue* Grand-Pont, dozed off opposite each other. Formerly clerk to a merchant, Loiseau had bought his master's business, and made a fortune for himself. He sold very bad wine at a very low price to the retailers in the country, and was famous for cheating in business. And he had the reputation of being shrewd, full of jokes and tricks. No one could mention his name without* adding at once, "He's an extraordinary man – Loiseau." He was short and fat, and had a red face with gray whiskers.*

His wife was tall and strong, with a loud voice

---

sheltered (눈·비를) 피한   occur to (생각이) …에게 떠오르다   foot warmer 발 보온기   at a snail's pace 달팽이처럼 느리게   crack (채찍이) 휙 울리다   rue (프랑스의) 가街   cannot A without B A할 때마다 B하다   whiskers 구레나룻

and decided manner. She represented the spirit of order and arithmetic in the business which Loiseau enlivened by his cheerful manner.

Beside them, dignified in bearing,[*] belonging to a superior class, sat Mr. Carré-Lamadon, a man of considerable importance. He was a king in the cotton trade, owner of three spinning mills,[*] officer of the Légion d'Honneur,[*] and member of the General Council.[*]

Mrs. Carré-Lamadon was much younger than her husband. Pretty, slender, and graceful, she sat opposite her husband, curled up in her furs, gazing mournfully at the miserable interior of the coach.

Sitting next to her was Count and Countess Hubert de Bréville, who bore one of the noblest and most ancient names in Normandy. The count, an old nobleman of aristocratic bearing, tried to enhance his natural resemblance to King Henry IV by dressing exactly like him. The fortune of the de Brévilles, all in real estate, was said to amount to five hundred thousand livres[*] a year.

The story of his marriage with the daughter of a small shipowner had always remained more or less of a mystery. But the countess had excellent manners, and was famous for entertaining faultlessly. Her drawing room remained the most exclusive in the whole countryside – and to which access was not easy.

These six people occupied the farther end of the coach, and represented Society* with an income, the strong, established society of good people with religion and principle.

The countess had two nuns as neighbors. They spent their time fingering their long rosaries* and murmuring prayers. One of them was old, and so deeply pitted with smallpox* that she looked as if she had received a charge of shot* full in the face. The other, of sickly appearance, had a pretty but wasted face, and a narrow chest.

A man and woman, sitting opposite the two nuns, attracted all eyes.

The man – a well-known character – was Cornudet, the democrat, the terror of all

---

bearing 거동 spinning mill 방적공장 officer of the Légion d'Honneur 레지옹도뇌르(프랑스 최고 훈장)를 받은 사람 General Council 도의회 livre 리브르; 프랑스 옛 화폐단위 Society 상류사회 rosary 묵주(기도) pitted with smallpox 천연두 자국으로 패인 a charge of shot 총알 세례

respectable people. For the past twenty years his big, red beard had been inseparable from all the democratic cafés.[*] With the help of his comrades he had spent a considerable fortune left to him by his father, a confectioner. He now impatiently awaited the Republic, so that he might at last be rewarded with a post his revolutionary work deserved. He was a good sort of fellow in some ways, helpful and zealous. He had worked very hard making an organized defense[*] of the town. He had had pits dug in the countryside, and traps set on all the roads. Then at the approach of the enemy, thoroughly satisfied with his preparations, he had hastily returned to the town. He thought he might now do more good at Le Havre, where new entrenchments would soon be necessary.

The woman, a courtesan,[*] was very plump for her age, and had the nickname of "Boule de Suif.[*]" She was short and round, fat as a pig, and had puffy fingers which looked like rows of short sausages. With a shiny, smooth skin and an enormous bust filling out the bodice[*] of her dress, she was still attractive, and she was much sought after by wealthy clients, thanks to her fresh and pleasing appearance. Her face was like a crimson apple, or a flower bud just bursting into bloom. She had two magnificent dark eyes, and her thick, heavy lashes cast a shadow into their depths. Her mouth was small, ripe, and kissable.[*]

As soon as she was recognized, the respectable women of the party[*] began to whisper among themselves, and the words "loose woman[*]" and "public scandal" were uttered so loudly that Boule de Suif raised her head. She gave such a challenging, bold look at her neighbors that they suddenly fell silent, and all lowered their eyes, with the exception of Loiseau, who watched her with interest.

But conversation was soon resumed among the three ladies. The presence of this girl had suddenly drawn them together. They decided that they ought to defend their dignity as wives in the face of this shameless girl.

The three men were also brought together by a

---

democratic café 민주주의자들이 모이는 술집 organized defense 조직화된 방위체제 courtesan 고급 매춘부 Boule de Suif 불 드 쉬프; 프랑스어로 '비곗덩어리' bodice 보디스; 드레스의 어깨부터 허리까지의 부분 kissable 키스하고 싶게 만드는 party 일행 loose woman 행실이 나쁜 여자

conservative instinct. For them it was awakened by the presence of Cornudet. They spoke of money matters in a tone of contempt for the poor. Count Hubert related the losses he had suffered at the hands of the Prussians, and spoke of the cattle which had been stolen from him, and the crops which had been ruined. He spoke with such an easy manner,* that he sounded like a great landowner ten times richer than he was, as if such problems hardly mattered. Mr. Carré-Lamadon, a man of wide experience in the cotton industry, had taken care to* send six hundred thousand francs to England as provision against a rainy day.* As for Loiseau, he had managed to sell to the French army supply department* all the wines he had in stock, so the state now owed him a considerable sum, which he hoped to receive at Le Havre.

And all three looked at one another in a friendly way. In spite of varying social status, they were united in the brotherhood of money.

The coach went along so slowly that at ten o'clock in the morning it had not covered* four lieues.* Three times the men of the party got out and climbed the hills on foot. The passengers were becoming uneasy, for they had expected to lunch at Tôtes, and it seemed now as if they would hardly arrive there before nightfall. Everyone was eagerly looking out for an inn by the roadside, when, suddenly, the coach got stuck in a snowdrift, and it took two hours to free it.

As appetites increased, their spirits fell. No inn, no café could be discovered. The approach of the Prussians and the retreat of the starving French troops had frightened away[*] all business. The men sought food in the farmhouses beside the road, but could not find so much as[*] a crust of bread, for the peasants hid their food for fear of being robbed.

About one o'clock Loiseau announced that he was starving to death. They had all been suffering in the same way for some time, and the growing hunger had put an end to all conversation. All faces were pale and drawn.[*] Loiseau declared he would give a thousand francs for a

---

easy manner 여유로운 태도 take care to …해 두다 provision against a rainy day 훗날을 위한 대비책 army supply department 병참부 cover …의 거리를 가다 lieue 리유; 프랑스 거리단위로 약 4킬로미터 frighten away 겁을 주어 …을 쫓아버리다 so much as (부정문) …조차도 drawn (안색이) 굳은

piece of ham. His wife gave a cry of protest. It always hurt her to hear of money being wasted, and she could not even understand jokes on such a subject.

"As a matter of fact, I don't feel well," said the count. "Why did I not think of bringing food?"

Cornudet, however, had a bottle of rum, which he offered to his neighbors. They all coldly refused except Loiseau, who took a sip,[*] and returned the bottle with thanks, saying, "That's good stuff. It warms one up, and cheats the appetite.[*]" The alcohol put him in good humor,[*] and he proposed they should do as the sailors did in the song: eat the fattest of the passengers. This indirect reference to[*] Boule de Suif shocked the respectable members of the party. No one replied, and only Cornudet smiled. The two sisters had stopped mumbling their rosary and sat motionless, with their eyes cast down.

At three o'clock, as they were in the middle of an apparently endless plain, without a single village in sight, Boule de Suif bent over,[*] and, from underneath the seat, drew a large basket covered with a white napkin.

From this she first took out a plate and a silver drinking cup, then an enormous dish containing two whole chickens cut into joints and soaked in jelly.[*] The basket seemed to contain other good things: pies, fruit, cakes – enough food for a three days' journey. The necks of four bottles poked out from among the food. She took a chicken wing, and began to eat it daintily.

All looks were directed toward her. An odor of food filled the air, causing nostrils to flare up,[*] mouths to water,[*] and jaws to clench painfully. The scorn of the ladies for this disreputable female grew greater and greater, and they would have liked to kill her, or throw her, her drinking cup, and her basket out of the coach into the snow.

Loiseau gazed greedily on the dish of chicken. He said, "Well, well, this lady had more fore-thought[*] than the rest of us. Some people think of everything."

She looked up at him, and said, "Would you

---

take a sip 한 모금 마시다 cheat the appetite 시장기를 잊게 하다 put... in good humor …의 기분이 좋아지게 하다 reference to …을 일컬음 bend over 몸을 앞으로 굽히다 cut into ~ in jelly 마디마다 칼집을 내어 젤리에 재운 flare up (콧구멍이) 벌름거리다 water 군침이 돌다 forethought 선견지명

like some, sir? It is hard to go on fasting all day."

He bowed. "Upon my soul,* I can't refuse. I cannot hold out* another minute. All is fair in war,* is it not, madam?" he said, and, casting a glance around, added, "at times like this it is very pleasant to meet with helpful people."

He spread a newspaper over his knees, and, with a pocketknife he always carried, helped himself to* a chicken leg, which he started to devour.

Then Boule le Suif, in low, humble tones, invited the nuns to eat as well. They both accepted the offer immediately, and after a few quiet words of thanks began to eat quickly, without raising their eyes. Cornudet also accepted his neighbor's offer. Together with the nuns, they formed a sort of table by opening out the newspaper over their four pairs of knees.

They ate ferociously.* Loiseau quietly urged his wife to follow his example. She refused for a long time, but hunger made her give way* at last. Her husband, assuming his politest manner, asked their "charming companion" if he might be allowed to offer Mrs. Loiseau a small helping.[*]

"Why, certainly, sir," she replied, with an amiable smile, holding out the dish.

When the first bottle of red wind was opened some embarrassment was caused by the fact that there was only one drinking cup, but this was passed from one to another, after being wiped. Cornudet alone, in a spirit of gallantry,[*] raised to his own lips that part of the rim which was still moist from those of his fair neighbor.

Count and Countess de Bréville and Mr. and Mrs. Carré-Lamadon were surrounded by people who were eating and drinking, and were almost suffocated by the smell of food. All at once the cotton manufacturer's young wife heaved a sigh[*] which made everyone turn and look at her. She was as white as snow. Her eyes closed, and her head fell forward. She had fainted. Her shocked husband begged for help from his neighbors. No one seemed to know what to do until the elder of the two nuns raised the patient's head, placed

---

upon my soul 정말이지 hold out 버티다 All is fair in (love and) war (속담) (사랑과) 전쟁은 수단을 가리지 않는다 help oneself to ···을 가져다 먹다 ferociously 엄청나게 give way (마음이) 꺾이다 a helping 음식물 1인분 in a spirit of gallantry 기사도 정신으로 heave a sigh 한숨을 내쉬다

Boule de Suif's drinking cup to her lips, and made her swallow a few drops of wine. The pretty invalid[*] moved, opened her eyes, smiled, and said in a feeble voice[*] that she was all right again. But the nun made her drink a cupful of red wine, adding, "It's just hunger – that's what is wrong with you."

Then Boule de Suif, blushing and embarrassed, said to the four passengers who were still not eating, "My God, can I offer you ladies and gentlemen..."

She stopped short,[*] fearing a rejection. But Loiseau continued, "Don't worry about it. In such a case as this, we are all brothers and sisters and should help each other. Come, come, ladies, please! We may not find a house in which to pass the night. At our present speed we shall not be at Tôtes until midday tomorrow."

The four hesitated, and no one dared to be the first to accept. But the count solved the problem. He turned toward the embarrassed girl, and in his most distinguished manner said, "We accept gratefully, madam."

As usual, the first step was the hardest. They began to eat quickly. They could not eat this girl's provisions* without speaking to her, so they began to talk, stiffly* at first, then, as she seemed polite, with greater freedom. Countess de Bréville and Mrs. Carré-Lamadon, who knew a great deal of the world,* were gracious and tactful. But the sturdy Mrs. Loiseau spoke little and ate much.

Conversation naturally turned to the war. Terrible stories were told about the Prussians, and deeds of bravery of the French were told. All these people who were fleeing themselves were full of praise for the courage of their country-men. Personal experiences soon followed, and Boule le Suif told with genuine emotion, and in the colorful language* common in women of her class, why she had left Rouen.

"I thought at first that I would be able to stay," she said. "My house was well stocked with* provisions, and it seemed better to put up with* feeding a few soldiers than to run away to some strange place. But when I saw these Prussians it

---

invalid 병자 in a feeble voice 기어들어가는 목소리로 stop short (말을) 갑자기 멈추다 provisions 식량 stiffly 뻣뻣하게, 어색하게 know a great deal of the world 처세에 능하다 colorful language 생생한 표현 well stocked with …로 가득 찬 put up with …을 참아내다

was too much for me! My blood boiled with rage. I wept the whole day for shame. Oh, if only I had been a man! I looked at them from my window – the fat pigs, with their pointed helmets! And my maid held my hands to keep me from throwing my furniture down on them. Then some of them were quartered on[*] me. I tried to strangle the first one who entered. They are just as easy to strangle as other men! I'd have killed that one if I hadn't been dragged away from him by my hair. I had to hide after that. And as soon as I could get an opportunity I left the place, and here I am."

She was warmly congratulated. She rose in the opinion of[*] her companions, who had not been so brave. Cornudet listened to her with the approving and benevolent smile a priest might wear in listening to a believer praising God. The long-bearded democrats of his type have a monopoly of[*] patriotism, just as priests have a monopoly of religion. He then spoke with dogmatic self-assurance,[*] in the style of the public statements which were daily pasted on the walls of the town, and made a passionate speech criticizing Napoléon III.

But Boule de Suif was angry, for she was an ardent Bonapartist.* She turned as red as a cherry, and said angrily, "I'd just like to see you in his place – you and your sort! There would be total confusion. Oh, yes! It would be impossible to live in France if we were governed by rascals* like you!"

Cornudet was unmoved by this outburst.* He still had a superior* smile on his face when the count interrupted, and succeeded in calming the infuriated woman, saying that all sincere opinions ought to be respected. But the countess and the cotton manufacturer's wife, who shared the hatred of the upper classes for the Republic, were drawn, in spite of themselves, toward this dignified young woman, whose opinions were so close to their own.

The basket was empty. The ten people had finished its contents easily and regretted that it did not hold more. Conversation faded after they had finished eating.

---

be quartered on (군인들이) ···의 집을 숙소로 사용하다   rise in the opinion of ···사이에서 위상이 높아지다   have a monopoly of ···을 독점하다   dogmatic self-assurance 독단적 자신감   ardent Bonapartist 열성 나폴레옹주의자   rascal 불량배(= scoundrel)   outburst (감정) 폭발   superior 잘난척하는

Night fell, the darkness grew deeper and deeper, and the cold made Boule de Suif shiver, in spite of her plumpness. So Countess de Bréville offered her foot warmer. She accepted the offer at once, for her feet were icy cold. Mrs. Carré-Lamadon and Mrs. Loiseau gave theirs to the nuns.

The driver lighted his lanterns. They cast a gleam on[*] a cloud of vapor which hovered over the sweating flanks[*] of the horses, but it was dark in the coach. Suddenly there was a movement in the corner occupied by Boule de Suif and Cornudet. Loiseau, peering into the gloom, thought he saw the big, bearded democrat move hastily to one side, as if he had received an accurate, though noiseless, blow[*] in the dark.

Tiny lights glimmered ahead. It was Tôtes. The coach had been on the road thirteen hours. They entered the town, and stopped before the Hôtel du Commerce. The coach door opened, and a familiar noise made all the travelers jump. It was the clanging of a scabbard on[*] the pavement, then a voice called out something in German.

Although the coach had stopped, no one got out. It looked as if they were afraid of being murdered the moment they left their seats. The driver appeared, holding one of his lanterns, which cast a sudden glow on the interior of the coach, lighting up the double row of startled faces, mouths and eyes wide open in surprise and terror.

A German officer stood beside the driver, in the full light.* He was a tall young man, fair and slender, with his flat, shiny cap tilted to* one side of his head. His mustache was long and straight, and the blond points at either end seemed to weigh down* the corners of his mouth and make his lips droop.*

In French he requested the travelers to get out, saying stiffly, "Kindly get down, ladies and gentlemen."

The two nuns were the first to obey. Next appeared the count and countess, followed by the manufacturer and his wife, after whom came Loiseau, pushing his taller and better-looking wife before him.

---

cast a gleam(glow) on …을 어슴푸레(밝게) 비추다 flank (소 · 말의) 옆구리
receive a blow 한 대 얻어맞다 clanging of a scabbard on 칼집이 …에
부딪혀 쟁그랑거리는 소리 in the full light 환한 불빛을 받으며 tilted to …쪽으
로 비스듬히 기울어진 weigh down …을 잡아내리다 droop 늘어지다

"Good day, sir," he said to the officer as he put his foot to the ground, acting on an impulse born of* carefulness rather than of politeness. The German was rude, like all people in authority,* and merely stared without replying.

Boule de Suif and Cornudet were the last to get out, grave and dignified before the enemy. The girl tried to control herself and appear calm, and the democrat stroked his long, red beard with a slightly trembling hand. Boule de Suif appeared more confident than the virtuous women, while Cornudet, feeling he needed to set a good example,* kept up* the attitude of resistance he'd had since he mined* the roads around Rouen.

They entered the spacious kitchen of the inn, and the German demanded the passports signed by the general in command, in which were mentioned the name, description* and profession of each traveler. He inspected them all closely,* comparing their appearance with the written description. Then he said abruptly, "All right," and left.

They breathed freely at last. All were still hungry, so supper was ordered. While they were waiting, the travelers went to look at their

Boule de Suif got out, grave and dignified
before the enemy.

on an impulse born of …에서 기인한 충동으로 in authority 권력을 가진
set a good example 모범을 보이다 keep up …을 유지하다 mine …에 지
뢰를 설치하다 description 인상착의 closely 면밀히

rooms. They all opened onto a long corridor.

They were just about to take their seats at the table when the innkeeper* appeared. He was a former horse dealer – a large, asthmatic* man, always wheezing,* coughing, and clearing his throat.* Follenvie was his name.

He called, "Miss Elisabeth Rousset?"

Boule de Suif started, and turned around. "That is my name," she said.

"The Prussian officer wishes to speak to you immediately."

"To me?"

"Yes, if you are Miss Elisabeth Rousset."

She hesitated, thought for a moment, and then declared, "I am, but I'm not going."

Everyone wondered why this order had been made. The count approached her, and said, "You are wrong, madam, for your refusal may bring trouble not only on* yourself but also on all of us. It never pays to* resist those in authority. Some minor formality* may have been forgotten."

All agreed with the count. Boule de Suif was begged, urged, lectured, and at last convinced. Everyone was afraid of the problems which might result from her acting recklessly. She said finally, "I am doing it for your sakes, remember that!"

The countess took her hand, and said, "And we are grateful to you."

She left the room. All waited for her return before beginning the meal. Each wished that he or she had been sent for rather than this impulsive, quick-tempered girl, and each mentally* rehearsed what he or she would say in case of being summoned also. At the end of ten minutes she reappeared breathing hard, crimson with anger. "Oh! The scoundrel! The scoundrel!" she stammered.

All were anxious to know what had happened, but she would not tell them. When the count insisted upon it, she silenced him with much dignity, saying, "No, the matter has nothing to do with you, and I cannot speak of it."

In spite of this incident, the supper was cheerful. The cider* was good, and the Loiseaus and

---

innkeeper 여관주인   asthmatic 천식을 앓는   wheeze 숨을 색색거리다
clear one's throat 목청을 가다듬다   bring trouble on ···을 곤란하게 만들
다   it never pays to ···해서 결코 좋을 것이 없다   minor formality 별것 아닌
절차   mentally 속으로   cider 사과주

the nuns drank it to save money.[*] The others ordered wine, and Cornudet demanded beer. He gazed at it as he poured it from the bottle, and then raised his glass to a position between the lamp and his eye so that he could judge its color. When he drank, his great beard, which matched the color of his favorite beverage,[*] seemed to tremble with affection, and he looked as if he were in heaven. He seemed to have connected in his mind the two great passions of his life – beer and revolution – and he could not taste one without dreaming of the other.

Mr. and Mrs. Follenvie, the innkeepers, dined at the end of the table. The man, wheezing like a broken-down steam train,[*] was too short of breath[*] to talk when he was eating. But the wife was not silent for a moment. She told what the Prussians had done and said on their arrival. She hated them firstly because they cost her money, and secondly because she had two sons in the army. She spoke mainly to the countess, because she was flattered at the opportunity of talking to a great lady.

"Yes, madam," she said, "these Germans do nothing but eat potatoes and pork, and then pork and potatoes. And they are not clean! No! They drill* for hours, for days. They all gather in a field, then they do nothing but march backward and forward, and turn this way and that. If only they would cultivate the land, or remain at home and work on their roads! Really, madam, these soldiers are of no use!* Poor people have to feed and house* them, only so they can learn how to kill! Isn't it a terrible thing to kill people, whether they are Prussians, or English, or Poles, or French? If we revenge ourselves on* anyone who injures us, we are guilty, and punished for it, but when our sons are shot down like partridges,* that is all right, and medals are given to the man who kills the most. No, I shall never be able to understand it."

Cornudet raised his voice.* "War is a barbarous thing when we attack a peaceful neighbor, but it is a sacred duty in defense of one's country."

The old woman looked down and said, "Yes, it's different when one acts in self-defense, but

---

save money 돈을 아끼다 beverage 음료수, 술 broken-down steam train 망가진 증기 기관차 short of breath 숨이 가쁜 drill 훈련하다 of no use 아무 소용 없는 house …에게 잠자리를 제공하다 revenge oneself on …에게 복수하다 partridge 메추라기 raise one's voice 언성을 높이다

would it not be better to kill all the kings, seeing that[*] they make war just to amuse themselves?"

Cornudet's eyes blazed with approval.[*] "Bravo, citizen!" he said.

Loiseau left his seat, and went over to the innkeeper and began chatting in a low voice. The big man chuckled, coughed, and sputtered. His enormous body shook when he laughed at the comments of the other, and he ended up[*] buying six casks of red wine from Loiseau to be delivered in spring, after the departure of the Prussians.

The moment supper was over, everyone went to bed, worn out after their long day.[*] But Loiseau amused himself by placing first his ear, and then his eye, to the bedroom keyhole, in order to discover what he called "the mysteries of the corridor."

After about an hour he heard a sound. He peeped out quickly, and caught sight of Boule de Suif, looking rounder than ever in a blue dressing gown trimmed with[*] white lace. She held a candle in her hand, and was speaking to Cornudet, in a low tone. Boule de Suif seemed to be denying him admission to[*] her room.

Unfortunately, Loiseau could not at first hear what they said, but toward the end of the conversation they raised their voices, and he caught a few words. Cornudet was annoyed. He said, "How silly you are! What does it matter to you?"

She seemed offended, and replied, "No, there are times when one does not do that sort of thing. In this place it would be shameful."

Apparently he did not understand, and asked the reason. Then she lost her temper and her caution,* and, raising her voice still higher, said, "Why? Can't you understand why? When there are Prussians in the house! Perhaps even in the very next room!"

He was silent. The patriotic shame of this immoral woman, who would not allow herself to be caressed in the neighborhood of the enemy, must have roused his own patriotism, for he gave her a kiss on the cheek, then crept softly back to his room. Loiseau was very amused. He danced around the bedroom before lying down beside

---

seeing that …이므로, …을 고려하면 blaze with approval (눈이) 동감의 뜻으로 번득이다 end up ...ing 결국 …하게 되다 long day 힘든 하루 trimmed with 둘레가 …로 장식된 deny A admission to B A가 B에 들어오는 것을 막다 lose one's caution 주위의 이목에 신경 쓰지 않다

his sleeping wife.

They had decided to set off[*] at eight o'clock the next morning, so everyone was in the kitchen at that hour. But the coach, its roof covered with snow, stood by itself in the middle of the yard, without horses or driver. They looked for the driver in the stables, coach houses and barns – but in vain.[*] So the men of the party went out to find him. In the square they saw a Prussian soldier peeling potatoes. A second was washing out a barber's shop. Another, bearded to the eyes, was holding a crying infant, and bouncing it on his knees to quiet it. The peasant women, whose menfolk[*] were at the war, were telling their obedient conquerors by means of sign language[*] what work they were to do: chop wood,[*] prepare soup, grind coffee. One of the soldiers even was doing the washing for an old grandmother.

The count was astonished at what he saw. He questioned the church caretaker who was coming out of the church. The old man answered, "Oh, those men are not bad at all. They are not Prussians, I am told.[*] They come from somewhere farther off, I don't exactly know where. And they have all left wives and children behind them. They are not fond of war either! I am sure the war causes them just as much unhappiness as it does us. As a matter of fact, things are not so bad here just now, because the soldiers work just as if they were in their own homes. You see, sir, poor folk always help one another. It is the great ones of this world who make war."

Cornudet was furious at* the friendly under-standing* between the conquerors and the con-quered,* and went back to the inn.

At last the coach driver was found in the vil-lage café.

"Were you not told to harness the horses at eight o'clock?" demanded the count.

"Oh, yes, but I've had different orders since."

"What orders?"

"Not to harness at all."

"Who gave you such orders?"

"The Prussian officer."

"But why?"

"I don't know. Go and ask him. I am forbidden

---

set off(out) 출발하다 in vain 헛되이 menfolk (집안)남자들 by means of sign language 손짓으로 chop wood 장작을 패다 I am told 제가 듣기로는 be furious at …에 화를 내다 friendly understanding 우호적 상호 이해 the conquered 피정복민

to harness the horses, so I don't harness them. The innkeeper gave me the order from him last night, just as I was going to bed."

The three men returned feeling very uneasy. They asked for Mr. Follenvie, but the servant replied that he never got up before ten o'clock because of his asthma. They were strictly forbidden to wake him earlier, except in case of fire.*

They wished to see the officer, but that also was impossible, although he lodged in* the inn. Only Mr. Follenvie was authorized to speak with him. So they waited. The women returned to their rooms.

Cornudet settled down* beside the tall kitchen fireplace, before a blazing fire. He had a small table and a jug of beer placed beside him, and he smoked his pipe. He sat motionless, and his eyes fixed on the dancing flames, then on the froth* which crowned* his beer. After each drink he passed his long, thin fingers through his long, greasy hair, with an air of satisfaction, as he sucked the foam from his mustache.

Loiseau pretended to go out for a walk, but he actually went out to see if he could sell wine to the country dealers. The count and the manufacturer began to talk politics.* They forecast the future of France. Cornudet, listening to them, smiled like a man who holds the keys of destiny in his hands. His pipe perfumed the whole kitchen.*

As the clock struck ten, Mr. Follenvie appeared. He was immediately surrounded and questioned, but could only repeat the same words: "The officer said this to me, 'Mr. Follenvie, you will forbid the coach to be harnessed for those travelers tomorrow. They are not to start without an order from me. You hear? That is all.'"

Then they asked to see the officer. The count sent him his card,* on which Mr. Carré-Lamadon also wrote his name and titles. The Prussian sent word that* the two men would be admitted to see him after his lunch – at about one o'clock.

The ladies reappeared, and they all ate a little, in spite of their anxiety. Boule de Suif appeared ill and very worried. They were finishing their

---

in case of fire 불이 났을 경우에 lodge in …에 묵다 settle down 자리를 잡고 있다 froth 거품 crown …의 위를 덮다 talk politics 정치 이야기를 하다 His pipe perfumed the whole kitchen. 그가 피우는 파이프 담배 냄새가 식당 안을 가득 채웠다. card 명함 send word that …라는 전갈을 보내다

coffee when the orderly[*] came to fetch the gentlemen.

Loiseau joined the other two. When they tried to get Cornudet to accompany them, he declared proudly that he would never have anything to do with the Germans, and he called for another jug of beer.

The three men went upstairs, and were escorted into[*] the best room in the inn, where the officer sat lying back in an armchair, with his feet on the mantelpiece. He was smoking a long porcelain[*] pipe, and wearing a gorgeous dressing gown, stolen from somewhere no doubt.[*] He didn't rise, nor greet them, nor even glance in their direction. He was a fine example of that arrogance which seems natural to[*] victorious soldiers.

After a few moments he said in his halting[*] French, "What do you want?"

"We wish to start on our journey," said the count.

"No."

"May I ask the reason of your refusal?"

"Because I don't choose."

"I would like to respectfully remind you, sir,

that your general in command gave us a permit to proceed to Dieppe. And I do not think we have done anything to deserve this harsh treatment from you."

"I don't choose – that's all. You may go."

They bowed, and left. The afternoon was miserable. They could not understand the caprice of this German, and the strangest ideas came into their heads. They all gathered in the kitchen, and imagined all kinds of unlikely things. Perhaps they were to be kept as hostages – but for what reason? Or held as prisoners of war? Or possibly they were to be held for ransom?* They were panic-stricken at this last possibility. The richest among them were the most alarmed, seeing themselves forced to empty bags of gold into* the arrogant soldier's hands to buy back their lives. They racked their brains* for lies to hide the fact that they were rich, and pass themselves off as* poor – very poor. Loiseau took off his watch chain, and put it in his pocket. The

---

orderly (장교에 배속된) 당번병 be escorted into ⋯로 안내되다 porcelain 사기(沙器) no doubt 보나마나 natural to ⋯에게 흔한 halting (말이) 서툰 for ransom 몸값을 받아내려고 empty A into B A를 B로 옮기다 rack one's brains 머리를 짜내다 pass oneself off as ⋯로 알려지다

approach of night increased their anxiety. They were about to sit down to dinner when Mr. Follenvie appeared, and in his wheezing voice announced, "The Prussian officer sends to* ask Miss Elisabeth Rousset if she has changed her mind yet."

Boule de Suif stood still, pale as death. Then, suddenly turning crimson with anger, she cried, "Please tell that scoundrel, that Prussian dog, that I will never consent – you understand? Never, never, never!"

The fat innkeeper left the room. Then Boule de Suif was surrounded and questioned by everyone to explain what the officer wanted. She refused at first, but her anger soon got the better of* her. "What does he want? He wants to make me his mistress!*" she cried.

The general* anger was great. Cornudet broke his jug as he banged it down* on the table. A loud outcry arose against this immoral soldier. All were furious. The count declared, with supreme disgust, that the Prussians behaved like ancient barbarians. The women, above all, showed a lively and tender sympathy for Boule de Suif. The nuns, who appeared only at meals, cast down their eyes, and said nothing.

They dined as soon as the first angry outburst had subsided, but they spoke little and thought much.

The ladies went to bed early. The men lit their pipes, and invited Mr. Follenvie to join them in a game of cards. The travelers hoped to ask him how to change the officer's mind. But he thought of nothing but his cards, would listen to nothing, or reply to nothing, and repeated, time after time, "Attend to* the game, gentlemen! Attend to the game!" He concentrated so hard that he sometimes forgot to breathe, which caused his chest to sound like an organ. His wheezing lungs struck every note of the asthmatic scale,* from deep, hollow tones to a shrill piping.* When the other men saw that nothing was to be got out of him, they declared it was time for bed, and each went upstairs.

They rose fairly early the next morning, with a vague hope of being allowed to start, a greater

---

send to 사람을 보내 …을 시키다 get the better of …을 능가하다 mistress
애인, 정부 general (감정이) 공통된 bang... down …을 내동댕이치다
attend to …에 집중하다 strike every note of the asthmatic scale 천식
환자가 낼 수 있는 모든 음을 내다 shrill piping 날카롭게 색색거리는 소리

desire than ever to do so, and a terror at having to spend another day in this wretched little inn.

Alas!* The horses remained in the stable, and the driver was nowhere to be seen.*

Lunch was a gloomy affair, and there was a general coldness toward Boule de Suif. Overnight, after private discussions, they had changed their minds. In the cold light of the morning they almost bore a grudge against* the girl for not having secretly gone to the Prussian. But no one yet publicly confessed to* such thoughts.

In the afternoon, seeing that they were all bored to death, the count suggested a walk in the neighborhood of the village. Everyone wrapped up warmly, and the little party set out, leaving behind Cornudet, who preferred to sit by the fire, and the two nuns, who spent their day in the church.

The cold, which grew more intense each day, almost froze their noses and ears. Their feet also began to hurt, and when they reached the open country* it looked so mournful and depressing in its limitless coat of white* that they quickly returned, with numb bodies and heavy hearts.

The four women walked in front, and the three men followed a little behind.

Loiseau asked suddenly, "How much longer is that girl going to keep us waiting in this wretched spot?" The count, always courteous, replied that they could not expect so painful a sacrifice from any woman, and that the first move must come from herself. Mr. Carré-Lamadon remarked that if the French made a counterattack[*] by way of[*] Dieppe, the next battle must inevitably take place at Tôtes. This made the other two anxious.

"Can we escape on foot?" said Loiseau.

The count shrugged his shoulders. "How can you think of such a thing, in this snow?" he said, "and with our wives? Besides, we should be pursued at once, overtaken in ten minutes, and brought back as prisoners at the mercy of the soldiers."

This was true enough, and they were silent.

Suddenly, at the end of the street, the officer

---

alas (슬플 때 내는 감탄사) 아아 be nowhere to be seen 어디에도 보이지 않다 bear a grudge against ···에게 적개심을 품다 confess to ···을 털어놓다 open country 탁 트인 들판 limitless coat of white 끝없이 흰 눈으로 덮인 곳 counterattack 반격, 역습 by way of ···을 거쳐서

appeared. His tall, uniformed figure was outlined against[*] the snow. He walked with his knees apart, careful not to dirty his polished boots. He bowed as he passed the ladies, then glanced scornfully at the men, who had enough dignity not to raise their hats.

Boule de Suif flushed crimson to the ears,[*] and the three married women felt completely humiliated at being seen in her company.[*] Then they began to talk about the Prussian officer, his figure, and his face. Mrs. Carré-Lamadon, who had known many officers and judged them as an experienced critic, thought him reasonably good-looking. She even regretted that he was not a Frenchman, because in that case he would have made a very handsome cavalryman, with whom all the women would certainly have fallen in love.

When they were once more within doors, they did not know what to do with themselves.[*] The silent dinner was quickly over, and each one went to bed early in the hope of sleeping to kill time.

They came down the next morning tired and irritable. The women scarcely spoke to Boule de

Suif.

A church bell summoned the faithful to a baptism. Boule de Suif had a child being brought up by peasants at Yvetot. She saw him less than once a year, and never thought of him, but the thought of the child who was about to be baptized brought on* a sudden wave of tenderness for her own, and she felt strongly like going to the ceremony.

As soon as she had gone out, the rest of the company looked at one another and then drew their chairs together, for they realized that they must make a plan. Loiseau had an idea. He proposed that they should ask the officer to detain* Boule de Suif only, and to let the rest go on their way.

Mr. Follenvie took this suggestion to the officer, but he returned to them almost immediately. The German, who knew human nature, had refused. He would keep all the travelers until his request had been accepted.

---

be outlined against …와 대비되어 도드라지다   flush crimson to the ears (얼굴이) 귀까지 새빨개지다   in her company 그녀와 함께 있는   not know what to do with oneself 무엇을 어째야 할지 모르다   bring on …을 불러일으키다   detain 억류하다

Mrs. Loiseau's vulgar temperament broke out. "We're going to die of old age[*] here!" she cried. "Since it's that girl's trade[*] to behave so with men, I don't see that she has any right to refuse one more than another.[*] I may as well[*] tell you she took any lovers she could get at Rouen – even coachmen! I know it for a fact,[*] for one of them bought his wine from us. And now that we are in difficulty she puts on virtuous airs,[*] the hypocrite! I think this officer has behaved very well. Why, there are three others of us he would undoubtedly have preferred. But no, he contents himself with the girl who is common property.[*] He respects married women. Just think. He is master here. He had only to say, 'I wish it!' and he might have taken us by force, with the help of his soldiers."

The two other women shuddered. The eyes of pretty Mrs. Carré-Lamadon glistened with tears, and she grew pale, as if the officer was actually violently taking her.

Loiseau wanted to get "that miserable woman" bound hand and foot, and delivered to the enemy. But the count, descended from three generations of ambassadors, was in favor of more diplomatic measures. "We must persuade her," he said.

Then they laid their plans. They drew together and lowered their voices, and everyone gave his or her opinion. The ladies, in particular, were very good at using delicate phrases to describe the most improper things. Secretly, they even began to enjoy this unpleasant episode.

Their cheerfulness returned. The count made several slightly impolite remarks,* and his audience could not help smiling. Loiseau made some much cruder jokes, but no one took offense.* And the thought his wife had expressed with such directness remained in the minds of all: "Since it's the girl's trade, why should she refuse this man more than another?" Dainty Mrs. Carré-Lamadon thought that Boule de Suif must have had much worse requests.

The plan was as carefully arranged as if they were attacking a fortress. Each agreed on the role which he or she was to play, the arguments

---

die of old age 늙어 죽다 trade 직업 refuse one more than another 누구는 되고 누구는 안 된다고 하다 may as well …하는 것이 좋겠다 for a fact 기정사실로 put on airs 점잔 빼다 common property 아무나 가질 수 있는 여자 impolite remarks 점잖지 못한 언사 take offense 기분이 상하다

to be used, and the strategies to be executed to conquer this human fortress and force it to receive the enemy within its walls.

But Cornudet remained apart from the rest, taking no share in[*] the plot.

Everyone was so absorbed in the plan that Boule de Suif's entrance was almost unnoticed. The count whispered a gentle "Hush!" which made the others look up. She was there. They suddenly stopped talking, and a vague embarrassment prevented them from speaking for a few moments. But the countess recovered first, and asked her, "Was the baptism interesting?"

The girl, still feeling emotional, told what she had seen and heard, and even the appearance of the church. She concluded with these words: "It does one good to pray sometimes."

Until lunchtime the ladies were pleasant to her, so as to increase her confidence and make her more open to their advice. As soon as they took their seats at the table the attack began. First they began a conversation on the subject of self-sacrifice. Ancient examples were quoted: Judith[*] and the Assyrian general killed by her, then Cleopatra and the Roman generals whom she reduced to* slavery with her charms. Next was told a story, born of their imagination, about how the women of Rome seduced Hannibal,* his generals, and all his soldiers. They praised all those women who slowed the victorious progress of conquerors, made of their bodies a field of battle,* a weapon, and sacrificed their chastity for revenge and patriotism. All this was said very tastefully. A listener would have thought that the only role of woman on earth was the perpetual sacrifice of her body to hostile armies.

The two nuns seemed to hear nothing, and to be lost in thought. Boule de Suif also was silent.

Just as soup was served, Mr. Follenvie reappeared, repeating his words of the evening before: "The Prussian officer sends to ask if Miss Elisabeth Rousset has changed her mind."

Boule de Suif answered briefly, "No, sir."

At dinner the attack weakened. Each was racking his or her brains for more examples of self-sacrifice, and could find none. The countess

---

take no share in …에 전혀 참여하지 않다   **Judith** 유디트: 구약성서 외전(外典) 유디트서(Book of Judith)에 나오는 유대 여인   **reduce A to B** A를 B의 신세로 전락시키다   **Hannibal** 한니발: BC 3세기경 로마를 침공한 카르타고(Carthage) 장군   **make of ~ of battle** 자신의 몸을 전쟁터로 삼다

began to talk to the two nuns, and quite by chance, it seemed, they began to talk about the lives of the saints. Many of them had committed acts which would be crimes in our eyes. However, the Church quickly pardons such deeds when they are done for the glory of God or the good of mankind. This was a powerful argument, and the countess made the most of[*] it. The eldest nun was very helpful. She said that nothing could displease our Lord, as long as the motive was praiseworthy.[*]

Every word uttered by the nun weakened the annoying resistance of the courtesan. No one spoke when the nun had finished for fear of[*] spoiling the excellent effect of her words.

As soon as the meal was over the travelers retired[*] to their rooms. They emerged the following day at a late hour of the morning. After lunch the countess proposed a walk, then the count, as arranged beforehand, took Boule de Suif's arm, and walked with her at some distance behind the rest.

He came straight to the point.[*] "So you prefer to have us stuck here, exposed to the violence of a possible French attack, rather than to surrender yourself, as you have done so many times in your life?"

The girl did not reply.

He tried kindness, argument, and sentiment. He praised the great service she would do them, spoke of their gratitude, then, suddenly using the familiar form of speech,[*] said, "And you know, my dear, he could never find such a pretty girl as you in his own country."

Boule de Suif did not answer, and joined the rest of the party.

On returning, she went to her room. The general anxiety was very high. What would she do? If she still resisted, it would become very awkward for them all!

The dinner hour struck. They waited for her in vain. At last Mr. Follenvie entered, announcing that Miss Rousset was not well, and that they should sit down to eat without her. They all pricked up their ears.[*] The count drew near the innkeeper, and whispered, "Is it all right?"

---

make the most of ···을 최대한 이용하다 praiseworthy 칭찬할 만한 for fear of ···할까 봐 두려워서 retire 자러 가다 come straight to the point 핵심을 찔러 이야기하다 familiar form of speech 친밀한 사이의 화법, 반말 prick up one's ears 귀를 곤두세우다

"Yes," said the innkeeper.

Out of politeness* the count said nothing to his companions, but merely nodded slightly toward them. A great sigh of relief went up, and every face was lighted up with joy.

"By God!*" shouted Loiseau, "I'll buy champagne for all if there's any to be found in this place." Mrs. Loiseau's dismay at* the cost was great when Mr. Follenvie came back with four bottles in his hands. They had all suddenly become talkative and merry. A lively joy filled all hearts. The count seemed to notice for the first time that Mrs. Carré-Lamadon was charming, and the manufacturer paid compliments to the countess. The conversation was animated and witty, and although many of the jokes were in the worst possible taste, all the company were amused by them, and none offended.

At dessert even the women began to make jokes. Their glances were full of meaning. They had drunk much. Loiseau rose to his feet, holding up a glass of champagne. "I drink to our deliverance!*" he shouted.

All stood up, and made the toast.* Even the two good sisters consented to moisten their lips with the sparkling wine,* which they had never before tasted. They declared it was like lemonade, but with a better flavor.

"It is a pity," said Loiseau, "that we have no piano. We might have had a dance."

Cornudet had not spoken a word or made a movement. He seemed deep in serious thought, and now and then tugged furiously at* his great beard, as if trying to add still further to its length.* At last, toward midnight, when they were about to separate, Loiseau, suddenly slapped him on* the back, and mumbled, "You're not happy tonight. Why are you so silent, my friend?"

Cornudet threw back his head, cast one swift and scornful glance over the party, and answered, "I tell you all, you have done an infamous thing!" He rose, reached the door, and repeating, "Infamous!" he disappeared.

A chill fell on all. Loiseau looked foolish and confused for a moment, but soon recovered his

---

out of politeness 예의상 By God! 아이고, 저런! dismay at …을 보고(듣고) 당황함 deliverance 구출, 해방 make the toast 거기에 건배하다 sparkling wine 발포 포도주; 샴페인 tug at …을 잡아당기다 add still further to its length 그것을 더 길게 잡아늘이다 slap A on B A의 B를 찰싹 때리다

self-confidence, and began laughing his head off.[*] He exclaimed: "Really, you are all too green for anything![*]"

Then he related[*] "the mysteries of the corridor," and his listeners were hugely amused. The ladies could hardly contain their delight. The count and Mr. Carré-Lamadon laughed until they cried. They could scarcely believe their ears.

"What! You are sure? He wanted..."

"I tell you I saw it with my own eyes."

"And she refused?"

"Because the Prussian was in the next room!"

"Surely you are mistaken?"

"I swear I'm telling you the truth."

The count was choking with laughter. The cotton manufacturer laughed until his sides shook. Loiseau continued, "So you may well[*] imagine he doesn't think this evening's business amusing at all." And all three began to laugh again, choking, coughing, until they were almost sick.

The next morning the snow was dazzling white under a clear winter sun. The coach and horses, ready at last, waited before the door. The driver, wrapped in his sheepskin coat, was smoking a pipe on the box,[*] and all the passengers were

radiant with delight at their approaching depar-
ture. They were waiting only for Boule de Suif.
At last she appeared.

She seemed rather ashamed and embarrassed,
and advanced timidly toward her companions,
who all turned aside at once as if they had not
seen her. The count, with much dignity, took his
wife by the arm, and removed her from the
unclean contact.

The girl stood still, astonished, then, plucking
up courage,* greeted the manufacturer's wife
with a humble "Good morning, madam." Mrs.
Carré-Lamadon replied merely with a small
arrogant nod. She looked as if her virtue was
outraged. Everyone suddenly appeared extreme-
ly busy, and kept away from Boule de Suif as if
she had been infected with some deadly disease.
Then they hurried to the coach. The despised
courtesan silently got in last of all.

The rest didn't seem to see or know her – all
except Mrs. Loiseau, who glanced contemptu-

---

laugh one's head off 자지러지게 웃다   you are ~ for anything! 너는 너
무 시어서 도저히 먹을 수 없지; 이솝우화에서 늑대가 포도에 손이 닿지 않자 한 말
relate 이야기해주다   may well …하고도 남다   box (마차의) 마부석   pluck up
courage 가까스로 용기를 내다

ously in her direction and said, half aloud, to her husband, "Thank heaven I am not sitting beside that creature!"

The lumbering* coach started on its way, and the journey began once again.

At first no one spoke. Boule de Suif dared not even raise her eyes. She felt both furious with her neighbors and humiliated at having yielded to the Prussian into whose arms they had so hypocritically thrown her.

The countess turned toward Mrs. Carré-Lamadon, and broke the painful silence. "I think you know Mrs. d'Étrelles?"

"Yes, she is a friend of mine."

"Such a charming woman!"

"Delightful! Exceptionally talented, she sings marvelously and draws to perfection.*"

The manufacturer was chatting with the count, and a word of their conversation was now and then heard. It was shares* – maturity* – premiums* – investments.

Loiseau had stolen the old pack of cards* from the inn, and started a game with his wife.

The good sisters took up the long rosaries hanging from their waists, made the sign of the cross,* and began to mutter prayers.

Cornudet sat still, lost in thought.

After three hours Loiseau gathered up the cards, and remarked that he was hungry. His wife took out a parcel tied with string, from which she took out a piece of veal.* She cut this into neat, thin slices, and both began to eat.

"We may as well do the same," said the countess. The rest agreed, and she unpacked the provisions which had been prepared for herself, the count, and the Carré-Lamadons. It was a delicious pheasant* and a big wedge* of cheese.

The two good sisters brought out a hunk* of sausage smelling strongly of garlic.

Cornudet plunged both hands into the large pockets of his overcoat, and brought out four hard-boiled eggs and a crust of bread. He removed the shells, threw them into the straw beneath his feet, and began to devour the eggs, letting small pieces of the bright yellow yolk* fall in his great beard.

---

lumber 덜그럭거리며 나아가다 to perfection 더할 나위 없이 share 배당금
maturity 지불만기일 premium 할증금 a pack of cards 카드 한 벌
make the sign of the cross 가슴에 성호를 긋다 veal 송아지고기 pheas-
ant 꿩고기 wedge 쐐기꼴 조각 hunk 큰 덩어리 yolk 달걀 노른자

Boule de Suif, in the haste and confusion of her departure, had not thought of anything, and, shaking with rage, she watched all these people calmly eating. She opened her lips to shriek the truth[*] at them, to overwhelm them with a burst of insults,[*] but she was so choked with anger that she could not utter a word.

No one looked at her, no one thought of her. She felt herself swallowed up in the scorn of these virtuous creatures, who had first sacrificed, then rejected her as a useless and unclean thing. She remembered her big basket full of the good things they had so greedily devoured: the two chickens coated in jelly, the pies, the pears, the four bottles of red wine.

Her fury moved her close to tears.[*] She was desperately trying to control herself, and swallowed the sobs which choked her. But the tears rose nevertheless, shone in her eyes, and soon two heavy drops flowed slowly down her cheeks. Others followed more quickly, and fell, one after another, on her round bosom. She sat upright, with her face pale and rigid, hoping desperately that no one saw her cry.

But the countess noticed that she was weeping,

and drew her husband's attention to the fact. He shrugged his shoulders, as if to say, "Well, so what? It's not my fault." Mrs. Loiseau chuckled triumphantly, and murmured, "She's weeping for shame."

The two nuns had returned to their prayers, after wrapping the remainder of their sausage in paper.

Then Cornudet, who was digesting his eggs, stretched his long legs under the opposite seat, threw himself back, folded his arms, and smiled like a man who had just thought of a good joke. He began to whistle La Marseillaise.*

The faces of his neighbors clouded.* They obviously didn't like the popular song, grew nervous and irritable, and seemed ready to howl as a dog does at the sound of a barrel organ.*

Cornudet saw the discomfort he was creating, and whistled louder. Sometimes he even hummed the words:

---

the truth 그들이 한 짓 overwhelm... with a burst of insults 정신 못 차릴 만큼 …에게 한바탕 욕을 퍼붓다 move... to tears …을 울게 만들다 La Marseillaise 라 마르세예즈: 보불전쟁 시 군가로 후에 프랑스 국가가 됨 cloud (얼굴이) 어두워지다 barrel organ 휴대용 오르간

"Sacred patriotic love,
Lead and support our avenging arms.
Liberty, cherished liberty,
Fight back with your defenders!"

Cornudet continued his whistling with fierce and vengeful persistence* all the way to Dieppe. During the long, dreary hours of the journey he

forced his weary and exasperated listeners to fol-
low the song from end to end. They had to recall
every word of every line, as each was repeated
over and over again, into the gathering dusk,[*]
then in the thick darkness.

And Boule de Suif still wept. Sometimes a sob
she could not restrain was heard in the darkness
between the lines of the song.

---

with fierce and vengeful persistence 강렬한 복수심으로 집요하게 into
the gathering dusk 어스름이 깊어질 때까지

Two Friends

"Remember the fishing!" said Mr. Morissot,
"what good times we used to have!"

"When shall we be able to fish again?"

asked Mr. Sauvage.

Paris was besieged* and suffering from famine. Even the sparrows on the roofs and the rats in the sewers* were disappearing. People were eating anything they could get.

Mr. Morissot, a watchmaker, was strolling* along the boulevard one bright January morning. His hands were in his pockets and his stomach was empty. He suddenly came face to face with* Mr. Sauvage, his fishing buddy.*

Every Sunday morning before the war Morissot had met Mr. Sauvage in this very spot. They would set out with bamboo rods* and a tin box. They took the train to Colombes, and walked from there to the isle of Marante. The moment they arrived at this lovely place they began fishing, and fished until nightfall.

Mr. Sauvage was a stout,* jolly,* little man, a draper* and also a keen fisherman.* They often spent half the day side by side, rod in hand and feet dangling over the water, and a warm friendship had sprung up between the two.

Some days they did not speak, and other times they chatted. They understood each other perfectly without speaking, having similar tastes and feelings.

In the spring, about ten o'clock in the morning, when the early sun caused a light mist to float on the water and gently warmed the backs of the two enthusiastic fishermen, Morissot would occasionally remark* to his neighbor, "It's so pleasant here."

And the other would reply, "I can't imagine anything better!"

And these few words were enough to make them understand and appreciate each other.

As soon as they recognized each other they shook hands, affected at* the thought of meeting under such changed circumstances.

Mr. Sauvage, with a sigh, murmured, "These are sad times!"

Morissot shook his head mournfully, and said, "And such weather! This is the first fine day of

---

besiege 포위하다 sewer 하수도 stroll 한가롭게 거닐다 come face to face with ⋯와 딱 마주치다 fishing buddy 낚시 친구 rod 낚싯대 stout 뚱뚱한 jolly 명랑한, 유쾌한 draper 포목상 keen fisherman 낚시광 remark (소견을) 말하다 affected at ⋯에 감정이 북받친

the year."

The sky was a bright, cloudless blue. They walked along, side by side, thoughtful and sad.

"Remember the fishing!" said Morissot. "What good times we used to have!"

"When shall we be able to fish again?" asked Mr. Sauvage.

They entered a small café and shared a drink together, then resumed their walk along the pavement.

Morissot stopped suddenly. "Shall we have another drink?" he said.

"If you like," agreed Mr. Sauvage. And they entered another café.

They were quite unsteady when they came out, from the effect of the alcohol on their empty stomachs.* It was a fine, mild day, and a gentle breeze fanned* their faces. The warm air combined with the effect of the alcohol, and Mr. Sauvage stopped suddenly, saying, "Suppose* we go there?"

"Where?"

"Fishing."

"But where?"

"Why, to the old place. The French outposts*

are close to Colombes. I know Colonel[*] Dumoulin, and we shall easily be allowed to pass."

Morissot trembled with desire. "Very well. I agree."

They separated, to fetch their rods and lines. An hour later they were walking side by side again. They soon reached the villa[*] occupied by the colonel. He smiled at their request, and granted it. They resumed their walk, furnished with a pass.[*]

Soon they left the outposts behind them, made their way through[*] deserted Colombes, and found themselves on the outskirts of[*] the small vineyards[*] which border the Seine. It was about eleven o'clock.

Before them lay the village of Argenteuil, apparently lifeless. The heights[*] of Orgement and Sannois dominated the landscape. Mr. Sauvage, pointing to the heights, murmured, "The Prussians are up there!"

---

alcohol on one's empty stomach 빈 속에 먹은 술 fan (바람이) …에 솔솔 불다 suppose (that) …하면 어떨까요 outpost 전초부대 colonel (육군) 대령 villa 별장 pass 통행허가증 make one's way through …을 가로질러 가다 on the outskirts of …의 외곽에 vineyard 포도밭 heights 고지

The sight of the deserted country filled the two friends with doubt.

The Prussians! They hadn't seen them yet, but they had felt their presence in the neighborhood of Paris for months. They were ruining France, pillaging,* massacring,* and starving them. They already felt a kind of superstitious terror mingled with* the hatred toward this unknown, victorious enemy.

"Suppose we meet any of them?" said Morissot.

"We'll offer them some fish," replied Mr. Sauvage.

Still, they hesitated to show themselves* in the open country, intimidated by the utter silence which reigned* around them.

At last Mr. Sauvage said boldly, "Come, we'll make a start. And let's be careful!"

And they made their way through one of the vineyards, bent double,* creeping along beneath the vines, while looking and listening carefully. Only a strip of bare ground* remained to be crossed before they reached the riverbank.* They ran across this. As soon as they were at the water's edge, they hid themselves among the dry reeds.[*]

Morissot placed his ear to the ground, to see whether footsteps were coming their way.[*] He heard nothing. They seemed to be completely alone. Their confidence returned, and they began to fish.

Before them the deserted Marante hid them

The fishing was excellent,
and they were filled with joy.

---

pillage 약탈하다 massacre 학살하다 mingled with …와 뒤섞인 show oneself (남 앞에) 나아가다, 모습을 드러내다 reign 지배(군림)하다 bent double 몸을 잔뜩 굽힌 채 a strip of ground 좁고 긴 땅 riverbank 강기슭, 강둑 reed 갈대 come one's way …가 있는 쪽으로 오다

from the farther shore. The little restaurant was closed, and looked as if it had been deserted for years.

Mr. Sauvage caught the first gudgeon,[*] Mr. Morissot the second, and almost every moment one or the other raised his line with a little, glittering, silvery fish wriggling[*] at the end. The fishing was excellent, and they were filled with joy. It was the joy of which they had long been deprived.[*]

The sun poured its rays on their backs. They no longer heard anything or thought of anything. They ignored the rest of the world, and they were fishing.

But suddenly a rumbling[*] sound, which seemed to come from under the earth, shook the ground beneath them. The cannons were resuming their thunder.

Morissot turned his head and could see toward the left, beyond the banks of the river, the formidable outline of Mount Valérien, and from its summit a white puff of smoke[*] arose. The next instant a second puff followed the first, and in a few moments a fresh explosion made the earth tremble.

Mr. Sauvage shrugged his shoulders. "They are at* it again!" he said.

Morissot was suddenly seized with the anger of a peaceful man toward the madmen who were firing, and cried, "What fools they are to kill one another like that!"

"They're worse than animals," replied Mr. Sauvage.

And Morissot, who had just caught a bleak,* declared, "To think that, it will be just the same so long as there are governments!"

"But the Republic would not have declared war," objected Mr. Sauvage.

Morissot interrupted him, "Under a king we have foreign wars;* under a republic we have civil war.*"

And the two began calmly discussing political problems with the sound common sense of peaceful, practical citizens. They agreed on one point: that they would never be free. And Mount Valérien thundered ceaselessly, demolishing the

---

gudgeon (어류) 모샘치 wriggle 꿈틀거리다, 몸부림치다 be deprived of ···을 빼앗기다 rumble 우르르 울리다 a puff of smoke 한 번 내뿜어지는 연기 be at ···에 착수하다 bleak 잉어 foreign war 외국과의 전쟁 civil war 내전

houses of the French with its cannonballs, grinding the lives of men to powder,* destroying dreams, hopes, and happiness, and ruthlessly causing endless woe* and suffering in the hearts of wives, daughters, and mothers at home.

"Such is life!" declared Mr. Sauvage.

"Say, rather, such is death!" replied Morissot, laughing.

But they suddenly trembled with alarm* at the sound of footsteps behind them. Turning around, they saw four tall, bearded men, wearing flat caps on their heads. They were aiming at the two fishermen with their rifles.*

The rods slipped from their owners' grasp* and floated away down the river.

In a few seconds they were seized, bound, thrown into a boat, and taken across to the isle of Marante. And behind the restaurant they had thought deserted were about twenty-five German soldiers.

A shaggy,* big man, who was sitting on a chair and smoking a long porcelain pipe, spoke to them in excellent French, "Well, gentlemen, have you had good luck with your fishing?"

Then a soldier dropped the bag full of fish at

the officer's feet. The Prussian smiled. "Not bad, I see. But we have something else to talk about. Listen to me, and don't be alarmed. In my eyes, you are two spies sent to observe us. Naturally, if I capture you, I shoot you. You pretended to be fishing to disguise your real mission. You have fallen into my hands,* and must take the conse-quences.* Such is war. But as you came here through the outposts you must have a password for your return. Tell me that password and I will let you go."

The two friends, pale as death, stood silently side by side. Only a slight trembling of their hands betrayed* their emotion.

"No one will ever know," continued the officer. "You will return peacefully to your homes, and the secret will disappear with you. If you refuse, it means death – instant death. Choose!"

They stood motionless, and did not open their lips.

The Prussian, perfectly calm, went on, with a

---

grind... to powder ···을 가루로 부수다 woe 비탄, 비통 with alarm 질겁하며 rifle 소총 slip from one's grasp ···의 손아귀에서 미끄러지듯 떨어지다 shaggy 털북숭이인 fall into one's hands ···에게 잡히다 take the con-sequences 그 결과를 감수하다 betray 무심결에 ···을 드러내다

hand outstretched toward the river, "Just think that in five minutes you will be at the bottom of that water. In five minutes! You have families, I presume?"

Mount Valérien still thundered.

The two fishermen remained silent. The German turned and gave an order in his own language. Then he moved his chair a little way off,* so that he might not be so near the prisoners, and a dozen men stepped forward, rifles in hand, and took up a position,* twenty paces away.

"I give you one minute," said the officer, "not a second longer."

Then he rose quickly, went over to the two Frenchmen, took Morissot by the arm, led him a short distance off, and said in a low voice, "Quick! The password! Your friend will know nothing. I will pretend to change my mind."

Morissot said nothing.

Then the Prussian took Mr. Sauvage aside, and made him the same proposal.

Mr. Sauvage made no reply.

Again they stood side by side. The officer issued his orders,* and the soldiers raised their rifles. Then by chance Morissot's eyes fell on the bag full of fish lying in the grass a few steps away from him. A ray of sunlight made the still quivering* fish glisten like silver. And Morissot's heart sank.* Despite his efforts at self-control his eyes filled with tears. "Good bye, Mr. Sauvage," he said.

"Good bye, Mr. Morissot," replied Sauvage.

They shook hands, trembling from head to foot with a dread beyond their control.*

The officer cried, "Fire!" The twelve shots were fired at once.

Mr. Sauvage fell forward. Morissot swayed slightly and fell across his friend with face turned upward and blood oozing* from a hole in the breast of his coat.

The German issued fresh orders. His men dispersed,* and soon returned with ropes and large stones, which they attached to the feet of the two friends, then they carried them to the riverbank.

Mount Valérien, with its summit now enshrouded in* smoke, still continued to thunder.

---

a little way off 조금 떨어져서 take up a position 위치를 잡다 issue an order 명령을 내리다 quiver 꿈틀거리다 one's heart sinks 가슴이 무너지다 beyond one's control 통제할 수 없는 ooze (액체가) 스며 나오다 disperse 흩어지다 enshrouded in …에 휩싸인

Two soldiers took Morissot by the head and the feet, and two others did the same with Sauvage. The bodies, swung by strong hands, were thrown a good distance,* and, following a curve, fell feet first into the stream. The water splashed high, rippled,* then grew calm. Tiny waves lapped* the shore. A few streaks of blood flecked* the surface of the river.

The officer, calm throughout, said, "It's the fish's turn now!" Then he walked back to the house.

Suddenly he caught sight of the bag full of fish, lying forgotten in the grass. He picked it up, examined it, smiled, and called, "Wilhelm!"

A soldier in a white apron came. The Prussian tossed him the catch* of the two murdered men, and said, "Have these fish fried for me at once, while they are still alive. They'll make a delicious dish."

Then he sat down and went back to smoking his pipe.

---

throw a good distance 멀리 던지다 ripple (잔)물결이 일다 lap (물결이)
…을 찰싹찰싹 치다 fleck …을 얼룩덜룩하게 하다 catch 잡은 것, 포획물

Lasting Love

"I once knew of a love
which lasted fifty-five years
without one day's pause,
and which ended only with death."

I t was the end of the dinner that opened the shooting season. The Marquis[*] de Bertrans and his guests sat around a brightly lighted table, covered with fruit and flowers. The conversation drifted to[*] love. Immediately there arose an animated discussion. It was the same eternal discussion[*] – was it possible to love more than once? Examples were given of persons who had loved once, and other examples were given of persons who had loved madly[*] many times. The men agreed that passion, like sickness, may attack the same person several times, if it doesn't kill. The women, however, who based their opinion on[*] poetry rather than on practical observation, insisted that love, true love, great love, may come only once to mortals.[*] This love resembles lightning, they said. A heart once broken becomes wasted, so ruined that no other strong feeling can take root[*] there again. The marquis, who had enjoyed many love affairs, disagreed with this belief.

"It is possible to love several times with all one's heart and soul," he said. "Lovers are like drinkers. Those who have once drunk will drink again, and those who have once loved will love again. It is a matter of temperament."

They chose the old doctor as umpire.* He agreed with the marquis that it was a matter of temperament.

"But as for me,*" added the doctor, "I once knew of* a love which lasted fifty-five years without one day's pause, and which ended only with death." The marquise clasped her hands together.

"That is beautiful!" she cried. "Ah, what a dream to be loved in such a way! What bliss to live for fifty-five years enveloped in an intense, unwavering* affection! This happy man must have been blessed to be adored for his whole life!"

The doctor smiled. "You are correct, madam, the loved one was a man. You even know him. It

---

marquis 후작 drift to (화제가) …로 흘러가다 eternal discussion 끝이 나지 않는 논쟁 madly 열렬하게 base A on B B에 근거하여 A를 말하다 mortal 인간 take root 뿌리내리다 umpire 심판 as for me 저로서는 know of …을 들어서 알다 unwavering (감정·의견이) 흔들림 없는

is Mr. Chouquet, the druggist.[*] You also know the woman, the old chair-mender,[*] who came every year to the chateau.[*]"

The enthusiasm of the women fell, for the loves of common people did not interest them. The doctor continued:

Three months ago, I was called to the deathbed of[*] the old chair-mender. The priest had already arrived. She wished to make us the executors of her will.[*] She told us the story of her life so that we could understand her will. It is a very remarkable and touching story. Her father and mother were both chair-menders. She had never lived in a house. As a little child she wandered about with her parents, dirty, untidy, and hungry. They visited many towns, leaving the child alone with their horse, wagon and dog until her parents had repaired all the broken chairs in the place. They seldom spoke, except to cry, "Chairs! Chairs! Chair-mender!"

When the little one strayed too far away,[*] she would be called back by the harsh, angry voice of her father. She never heard a word of affection. When she grew older, she fetched and car-

She put all her savings into his hands.
He took them without hesitation.

---

druggist 약제사 chair-mender 의자 고치는 사람 chateau 샤토; (프랑스의)
성(城) be called to the deathbed of …의 임종 시에 불려가다 executor
of one's will 유언 집행인 stray away 멀리까지 돌아다니다(헤매다)

ried the broken chairs. She made friends with the children in the street, but their parents always called them away* and scolded them for speaking to the bare-footed child. Often the boys threw stones at her. Sometimes a kind woman gave her a few sous, which she saved carefully.

One day – she was then eleven years old – she was walking through the town cemetery when she saw little Chouquet. He was weeping bitterly because one of his playmates had stolen two precious coins from him. She was upset by the tears of the petit bourgeois,* one of those lucky people who, she imagined, never knew trouble. She approached him, and as soon as she learned the cause of his grief, she put all her savings* into his hands. He took them without hesitation and dried his eyes.* Wild with joy, she kissed him. He was busy counting his money, and did not object. Seeing that she was not rejected, she threw her arms around him and gave him a hug* – then she ran away.

What was going on in her poor little head? She became madly fond of this youngster. Was it because she had sacrificed all her fortune, or because she had given him her first tender kiss?

The mystery of love is the same for children as for adults. For months she dreamed of that corner in the cemetery and of the little boy. She stole a sou here and there from her parents' chair money. When she returned to the spot in the cemetery she had two francs in her pocket, but he was not there. Passing his father's drugstore, she caught sight of him behind the window-panes.* He was sitting between a large red jar and a blue one. She loved him even more, quite enchanted at the sight of* the brilliant-colored jars. The image remained in her heart. The following year she met him near the school playing marbles.* She rushed up to him, threw her arms around him, and kissed him so passionately that he screamed in fear. To quiet him, she gave him all her money. Three francs and twenty centimes!* A real fortune, at which he gazed with staring eyes.

After this he allowed her to kiss him as much as she wished. During the next four years she put

---

call... away ···을 불러들이다 petit bourgeois 소시민 계급 savings 모아둔 돈 dry one's eyes 눈물을 닦다 give... a hug ···을 껴안다 window-pane 창유리 at the sight of ···을 보고 play marbles 구슬치기를 하다 centime 상팀; 프랑스 화폐단위(100분의 1프랑)

into his hands all her savings, which he kept in exchange for* kisses. At one time it was thirty sous, another time two francs. Once, she only had twelve sous. (She wept with grief and shame. It had been a poor year.*) The next time she brought five francs, in one whole coin, which made him laugh with joy. She only thought of the boy, and he waited for her with impatience; sometimes he would run to meet her. This made her heart beat with joy. Suddenly he disappeared. He had gone to boarding school.* She found this out by careful investigation. She tried to persuade her parents to change their route and pass by this town again during vacation. After a year of scheming* she succeeded. She had not seen him for two years, and he was so changed that she scarcely recognized him. He had grown taller, better-looking, and was impressive in his school uniform, with its brass* buttons. He pretended not to see her, and passed by without so much as a glance. She wept for two days, and from that time loved and suffered unceasingly.

Every year he came home and she passed him, not daring to lift her eyes. He never bothered to* turn his head toward her. She loved him madly, hopelessly. She said to me, "He is the only man whom I have ever seen. I don't even know if another exists." Her parents died. She continued their work.

One day, she saw Chouquet coming out of his pharmacy with a young lady leaning on his arm. She was his wife. That night the chair-mender threw herself into the river. A drunkard* passing the spot pulled her out and took her to the drugstore. Young Chouquet came down in his dressing gown to revive her. Without seeming to know who she was he undressed her and rubbed her, and then he said to her, in a harsh voice, "You are mad! People must not do stupid things like that." His voice brought her back to life.* He had spoken to her! She was happy for a long time. He refused to take any money for his trouble,* although she insisted.

All her life passed in this way. She worked, thinking always of him. She began to buy medi-

---

in exchange for ···에 대한 대가로   poor year 장사가 잘 되지 않은 해
boarding school 기숙학교   scheme 꾀를 짜내다   brass 놋쇠   not bother to 굳이 ···하려 하지도 않다   drunkard 술고래, 주정뱅이   bring... back to life ···의 의식을 되살리다   for one's trouble ···의 수고에 대한 대가로

cines at his pharmacy. This gave her a chance to talk to him and to see him closely. In this way, she was still able to give him money.

As I said before, she died this spring. When she had finished her pathetic story, she entreated me to* take her money to the man she loved. The only reason she worked was to leave him something, so he would remember her after she died. She gave me two thousand three hundred twenty-seven francs, and I gave the priest twenty-seven francs for her funeral expenses.

The next morning I went to see the Chouquets. They were finishing breakfast, sitting opposite each other, fat and red, important* and self-satisfied. They welcomed me and offered me a drink, which I accepted. Then I began my story in a trembling voice, sure that they would be moved, even to tears. As soon as Chouquet understood that he had been loved by "that vagabond, that chair-mender, that wanderer," he swore with fury.* It was as though his reputation, something precious and dearer to him than life, had been lost. His exasperated* wife kept repeating, "That beggar! That beggar!"

He said, "Can you understand anything so horrible, doctor? Oh, if I had only known it while she was alive, I would have had her thrown into prison."

I was dumbfounded.* I hardly knew what to think or say, but I had to finish my mission. "She commissioned me," I said, "to* give you her savings, which amount to two thousand three hundred francs. But because what I have just told you seems to be very disagreeable, perhaps you would prefer to give this money to the poor."

They looked at me, speechless with amazement. I took the money out of my pocket, sous and gold pieces* all mixed together. Then I asked, "What is your decision?"

Mrs. Chouquet spoke first. "Well, since it is the dying woman's wish, it would be impossible to refuse it."

Her husband said, in an embarrassed manner, "We could buy something for our children with it."

I answered drily,* "As you wish."

---

entreat A to B A에게 B해 달라고 간청하다 important 거드름 피우는 with fury 불같이 화를 내며 exasperated 화가 난 dumbfounded 기가 막힌, 어이 없어하는 commission A to B A에게 B하는 임무를 맡기다 gold piece 금 화 drily 냉담하게, 매정하게

He replied, "Well, give it to us anyhow, since she wanted you to do so. We will find a way to put it to some good purpose.[*]"

I gave them the money, bowed and left.

The next day Chouquet came to me and said brusquely,[*] "That woman had a wagon – what have you done with it?"

"Nothing, take it if you wish."

"It's just what I wanted," he added, and walked off. I called him back and said, "She also left her old horse and two dogs. Do you need them?"

He stared at me, surprised, "Well, no! Really, what would I do with them?"

"It's up to[*] you."

He laughed and held out his hand to me. I shook it, though I didn't want to. But what could I do? The doctor and the druggist in a country village must not become enemies. I have kept the dogs. The priest took the old horse. Chouquet made a hut out of* the wagon, and with the money he has bought railroad stock.* That is the only deep, sincere love that I have ever known in all my life.

The doctor looked up. The marquise, whose eyes were full of tears, sighed and said, "It is a fact that only women know how to love."

---

put... to good purpose …을 좋은 곳에 쓰다 brusquely 퉁명스럽게 be up to …의 결정에 달려있다 make A out of B B로 A를 만들다 stock 주식

The House of
Madame Tellier

Many honorable people, not fast men,
but tradesmen and young men in the village,
went to Mrs. Tellier's every night,
just as they would go to a café.

Part 1

M any honorable people, not fast* men, but tradesmen and young men in the village, went to Mrs. Tellier's every night about eleven o'clock, just as they would go to a café. There they would drink their wine and laugh with the girls, or else talk seriously with Mrs. Tellier, whom everybody respected. Then they would go home before twelve o'clock. The younger men would sometimes stay later.

It was a small, comfortable house painted yellow, at the corner of a street behind Saint-Étienne Church, and from the windows one could see the docks* full of ships being unloaded.

Mrs. Tellier came from a respectable family of peasant proprietors* in Normandy. She had taken up her profession, as casually as if she had become a milliner* or dressmaker. The prejudice, which is so deeply rooted in large towns, does not exist in the country places in Normandy. The landowning peasants think of it as a profitable business, and encourage their daughters to manage an establishment of this character,* which they think is as respectable as managing a girls' school.

She had inherited this establishment from an old uncle. Mr. and Mrs. Tellier had formerly been innkeepers near Yvetot. They had immediately sold their house, as they thought that this new business at Fécamp was more profitable. They arrived one fine morning to take over* the business. They were good people in their own way, and soon made themselves liked by their employees and their neighbors.

Mr. Tellier died of a stroke* two years later because he had grown very fat through lack of exercise at his new job. When Mrs. Tellier became a widow, all the regulars* of the establishment felt very sorry for her. People said that, personally,* she was quite virtuous, and even the girls in the house could not discover anything against* her. She was tall, stout and amiable. Her complexion had become very pale in the dim-

---

fast 방탕한 docks 부두시설 peasant proprietor 자작농 milliner 여성용 모자 제조인 establishment of this character 이런 종류의 업소 take over …을 인수하다 stroke 뇌졸중 regular 단골손님 personally 사람 자체 는 not discover anything against …의 나쁜 점을 발견하지 못하다

ness of her house, because the shutters were scarcely ever opened, but her skin shone as if it had been varnished.[*] She had a curly wig, which made her look younger than she was. She was always smiling and cheerful and fond of jokes, but she was slightly reserved too. Coarse words always shocked her, and when any young fellow who had been badly brought up called her establishment a brothel,[*] she was angry and disgusted.

In a word, she had a refined mind, and although she treated her women as friends, she would frequently say, "They and I are not made of the same stuff.[*]"

Sometimes during the week she would hire a carriage and take her girls into the country, where they would enjoy themselves on the grass by the side of the little river. They were like a group of girls let out from school, and would run races and play childish games. They had a cold[*] dinner on the grass, and drank cider, and went home at night with a delicious feeling of fatigue.[*] In the carriage they kissed Mrs. Tellier as if she were their kind mother who was full of goodness.

The house had two entrances. At the corner of

the street there was a bar, which sailors and laborers went to at night. There were two girls whose duty was to wait on[*] them with the assistance of Frédéric, a short, beardless fellow, as strong as an ox. They put the half bottles of wine and the jugs of beer on the shaky, wooden tables before the customers, and then urged the men to drink.

The three other girls – there were only five of them – formed a kind of aristocracy, and they remained on the second floor, unless it was very busy downstairs and there were no clients on the second floor. The Jupiter Room, on the second floor, was painted blue, with a large drawing of Leda and the Swan.[*] The room was reached by a winding staircase, opening on the street through a narrow door. Above this door a lantern burned all night long.

The house was old and damp and smelled slightly of mildew.[*] At times there was the scent of cheap perfume in the passages. Sometimes

---

varnished 니스 칠을 한   brothel 매음굴   They and ~ same stuff. 그들과 나는 같은 부류가 아니에요.   cold (음식) 미리 준비해온   with a ~ of fatigue 기분 좋게 지쳐서   wait on …의 시중을 들다   Leda and the Swan (그리스 신화) 레다와 백조; 제우스 신(Zeus)이 백조로 변해 레다를 유혹함   mildew 곰팡이

from a half-open door downstairs the noisy laughter of the common men rose to the second floor, and the gentlemen there were much disgusted. Mrs. Tellier was on friendly terms with her customers, and was very interested in what was going on in the town. They regularly told her all the news. Her serious conversation was a change from the ceaseless chatter of the three women.

The names of the girls on the second floor were Fernande, Raphaële, and Rosa. The staff was small, so Mrs. Tellier had decided that each member of it should be a perfect example of each feminine type, so that every customer might find as nearly as possible his ideal woman.

Fernande represented the pretty blonde; she was a very tall, chubby,[*] and lazy country girl, who could not get rid of her freckles.[*]

Raphaële, who came from Marseilles, played the part of the thin brunette,[*] with high cheekbones, which were covered with rouge.[*] Her eyes would have been beautiful, if the right one had not had a speck in it. Her Roman nose[*] came down over a square jaw, where two false upper teeth contrasted with the bad color of the rest.

Rosa was a little fat, with very short legs. All morning until night she sang sentimental or dirty songs, and told long, silly stories and stopped talking only when she ate. She was never still, and was active as a squirrel, in spite of her weight and her short legs. Her high-pitched[*] laugh was heard everywhere, in a bedroom, in the loft, and in the Jupiter Room, all the time.

The two women on the first floor were Louise and Flora. Louise always dressed as the Goddess of Liberty,[*] with a three-colored sash.[*] Flora limped[*] a little, and dressed as a Spanish woman with a string of copper coins in her hair, which jingled at every uneven step.[*] They looked just like cooks dressed up for the carnival. They were like all other women of the lower class.

A jealous tension existed among these five women, but peace was maintained, thanks to Mrs. Tellier's efforts for harmony and constant good humor. And it was also because the estab-

---

chubby 토실토실한 freckle 주근깨 brunette 갈색 머리 여자 rouge 볼(입술)연지 Roman nose 매부리코 high-pitched (목소리가) 찢어질 듯 높은 Goddess of Liberty 자유의 여신 sash (허리) 장식띠 limp 다리를 절다 at every uneven step 뒤뚱거리며 걸을 때마다

lishment was the only one of its kind[*] in the little town, and therefore very busy. The house looked respectable, and Mrs. Tellier was so amiable and good-hearted, that she was treated with a certain amount of respect. The regular customers spent money on her, and were delighted when she was especially friendly toward them. If they met each other in the street during the day, they would say, "This evening, you know where,[*]" just as men say, "I'll see you at the café, after dinner." In a word, Mrs. Tellier's house was a place to go to regularly, and they very rarely missed their nightly meetings there.

One evening toward the end of May, Mr. Poulin, who was a timber merchant and had once been mayor,[*] arrived first and found the door shut. The lantern was not lighted, there was not a sound in the house, and everything seemed dead. He knocked gently at first, and then more loudly, but nobody answered the door. Then he went slowly up the street, and when he got to the marketplace he met Mr. Duvert, the shipowner, who was going to the same place. They went back together, but it was still closed. Suddenly they heard a loud noise, and they saw a number of

English and French sailors hammering with their fists at[*] the closed shutters of the bar around the corner.

The two bourgeois immediately moved away. They met Mr. Tournevau, the fish supplier. They told him what had happened, and he was very annoyed, as he was a married man and father of a family, and went there only on Saturdays. That was his regular evening, and now he should be deprived of his fun for the whole week.

The three men went as far as the quay[*] together, and on the way they met young Mr. Philippe, the banker's son, who frequented[*] the place regularly, and Mr. Pimpesse, the tax collector.[*] They all returned to the house together. But the annoyed sailors were throwing stones at the shutters and shouting, and these five second-floor customers went away as quickly as possible, and walked aimlessly about the streets.

They soon met Mr. Dupuis, the insurance agent,[*] and then Mr. Vasse, the Judge of the

---

the only one of its kind 그런 종류로서는 단 하나뿐인 것 This evening, you know where 오늘 저녁, 어딘지 알지? mayor 읍장 hammer at ···을 세게 두들기다 quay 부두 frequent ···에 자주 드나들다 tax collector 징세 관 insurance agent 보험중개인

The House of Madame Tellier | 131

Tribunal of Commerce.[*] They all took a long walk, and went to the quay, where they sat down in a row[*] on the granite wall[*] and watched the rising tide.

Mr. Tournevau said, "This is not very amusing!"

"Certainly not," replied Mr. Pimpesse, and they started off to walk again. After more aimless walking, which led them back to the square, a quarrel arose between Mr. Pimpesse, the tax collector and Mr. Tournevau, the fish supplier, about an edible[*] mushroom which one of them said he had found in the neighborhood.

They were in such a bad mood that they would very probably have come to blows,[*] if the others had not interfered. Mr. Pimpesse went off furious, and soon another argument arose between the ex-mayor, Mr. Poulin, and Mr. Dupuis, the insurance agent. Insulting remarks[*] were freely passing between them, when a chorus of loud cries was heard. The sailors had grown tired of waiting so long outside a closed house, and came into the square. They were walking arm in arm, two by two, and formed a long line, and were shouting furiously. The townsmen[*] hid themselves in a doorway, and the yelling sailors disappeared. For a long time they still heard the noise, which diminished like a storm in the distance, and then silence was restored. Mr. Poulin and Mr. Dupuis, who were angry with each other, went in different directions, without wishing each other goodbye.

The four set off again, and instinctively went in the direction of Mrs. Tellier's establishment, which was still closed. They decided to go home.

The noisy band of sailors reappeared at the end of the street. The French sailors were shouting "La Marseillaise," and the Englishmen "Rule, Britannia!*" Then a fight broke out between the two nations. An Englishman had his arm broken and a Frenchman his nose split.

By degrees,* calm was restored in the noisy town. Here and there, at times, the sound of voices could be heard, and then died away in the distance.

Tribunal of Commerce 상거래 재판소 in a row 일렬로 granite wall 화
강암 흉벽 edible 식용의 come to blows 주먹다짐하다 insulting
remarks 모욕적 언사 townsman 읍내 사람 Rule, Britannia! 룰르, 브리타
니아: 18세기 해양제국 영국을 상징하는 노래 by degrees 차츰

Only one man was still wandering about, Mr. Tournevau, the fish supplier. He was annoyed at having to wait until the following Saturday, and he hoped something would turn up.* He went back to it and saw a drunken laborer was quietly weeping sitting outside the bar. Mr. Tournevau examined the walls, trying to find out some reason, and on the shutter he saw a notice. He struck a match* and read the following, in large, uneven writing:

Closed on account of* the first communion.*

Then he went home, as he saw it was useless to remain.

The next day, all the regular customers, one after another, found some excuse to pass by. And with furtive* glances they all read that mysterious notice: "Closed on account of the first communion."

Part 2

Mrs. Tellier had a brother, Joseph, who was a carpenter in their native place, Virville. When she still kept the inn at Yvetot, she had become godmother[*] to that brother's daughter, who had received the name of Constance – Constance Rivet. Joseph knew that his sister was running a successful business, and kept in touch with her, although they were both kept at home by their occupations,[*] and lived a long way from each other. But as the girl was twelve years old, the time for her first communion, he seized that opportunity to write to his sister, asking her to come and be present at the ceremony. Their old parents were dead, and as she could not refuse her goddaughter, she accepted the invitation. Joseph hoped that his sister might make her will in the girl's favor,[*] as she had no children of her

---

turn up (사건 등이) 발생하다 strike a match 성냥불을 켜다 on account of …의 이유로 first communion 첫영성체 furtive (눈길이) 훔쳐보는 godmother 대모(代母) by one's occupation 장사에 묶여서 make A's will in B's favor A가 B에게 재산을 남긴다는 유언장을 쓰다

own.

His sister's occupation did not trouble him at all. And anyway, nobody knew anything about it at Virville. When they spoke of her, they only said, "Mrs. Tellier is well off in Fécamp," which might mean that she was living on her pension.[*] It was twenty lieues from Fécamp to Virville, and for a peasant, twenty lieues on land is as long a journey as crossing the ocean would be to city people. The people at Virville had never been farther than Rouen, and nothing attracted the people from Fécamp to a village of five hundred houses in the middle of a plain. So nothing was known about her business.

The first communion was coming up, and Mrs. Tellier was in great confusion. She had no one to substitute for[*] her, and did not want to leave her house, even for a day. All the rivalries between the girls upstairs and those downstairs would certainly break out. No doubt Frédéric would get drunk, and knock anybody down for a mere word. At last, however, she made up her mind to take them all with her, with the exception of Frédéric, to whom she gave a holiday.

When she asked her brother if she could bring

her girls, he agreed. He offered to put them all up[*] for a night, so on Saturday morning the eight-o'clock train carried off Mrs. Tellier and her companions in a second-class carriage.[*] As far as Beuzeville they were alone, and chattered noisily, but at that station a couple got in. The man, an old peasant wearing an old top hat,[*] held an enormous green umbrella in one hand, and a large basket in the other. From the basket, the heads of three frightened ducks poked out. His wife had a face like a fowl,[*] with a nose as pointed as a bill.[*] She sat up stiffly opposite her husband and did not stir, and she looked startled at finding herself in such well-dressed company.

There were certainly many striking colors in the carriage. Mrs. Tellier was dressed in blue silk from head to foot, and had on a dazzling, red cashmere[*] shawl. Fernande was wearing a Scotch plaid[*] dress. Raphaële wore a bonnet[*] covered with feathers, and a lilac dress with gold spots on it. Rosa had on a pink skirt, and looked

---

live on one's pension 연금으로 살다 substitute for ···을 대신하다 put...
up ···을 재워주다 carriage (열차의) 객차 top hat (남성 정장용 모자) 실크해
트 fowl 암탉 bill (새의) 부리 cashmere (모직물의 일종) 캐시미어 Scotch
plaid 스코틀랜드 격자무늬의 bonnet (여성용 모자) 보닛

like a very fat child, while the two bar girls looked as if they had cut their dresses out of old curtains.

As soon as they were no longer alone in the compartment,[*] the women became serious, and began to talk of subjects which might give others a high opinion of[*] them. But at Bolbec a gentleman with whiskers, wearing a gold chain and two or three rings, got in, and put several parcels on the rack over his head. He looked playful, and seemed a good-hearted fellow.

"Are you ladies changing *your quarters?*[*]" he said, and that question embarrassed the women all greatly. Mrs. Tellier, however, quickly calmed herself again, and said sharply, "I think you should try and be polite![*]"

He said, "I beg your pardon, I ought to have said *your nunnery.*[*]"

She could not think of a reply. But thinking she had said enough, Mrs. Tellier gave him a dignified bow and pursed her lips.[*]

Then the gentleman, who was sitting between Rosa and the old peasant, began to wink at the ducks whose heads were sticking out of the basket. When he felt that he had the attention of all in the compartment, he began to tickle the ducks under their bills and spoke to them in a funny voice, "We have left our little pond. Quack! Quack! To go on holiday at the lake. Quack! Quack!"

The unfortunate creatures turned their necks away, to avoid his tickling, and tried desperately to get out of their basket. Suddenly, all at once, they gave the most woeful quacks of distress.[*] The women exploded with laughter. They leaned forward and pushed each other to see better. They were very interested in the ducks, and the gentleman became even funnier.

Rosa leaned over the gentleman's legs, and kissed the three ducks on the head, and immediately all the girls wanted to kiss them. The two peasants were even more surprised than their ducks. They rolled their eyes as if they were possessed,[*] and their old, wrinkled faces didn't have a smile, not a movement.

Then the gentleman, who was a traveling sales-

---

compartment (객차의) 칸막이 객실   give A a high opinion of B A가 B를
훌륭하게 여기게 하다   quarters 주둔지, 본부   I think ~ be polite! 말씀 좀 삼가
주세요!   nunnery 수녀원   purse one's lips 입술을 오므리다   of distress 고
통에 찬   possessed (악령 등에) 사로잡힌, 미친

man,[*] offered the ladies garters.[*] He opened one of his packages, which contained blue, pink, red, violet, and lilac silk garters. The buckles were made of two metal cupids[*] embracing each other. The girls uttered exclamations of delight and looked at them with that seriousness natural to all women when they are considering new clothes. They consulted one another by their looks or in a whisper. Mrs. Tellier was longingly fingering a pair of orange garters that were broader and more imposing than the rest – very suitable for the mistress[*] of a fine establishment.

The gentleman waited, for he had an idea. "Come, my kittens," he said, "you must try them on."

There were loud cries of complaint, and they squeezed their petticoats between their legs in protest.[*] But he quietly waited and said, "Well, if you will not try them on I shall pack them up again."

He added cunningly, "I offer any pair they like to those who will try them on."

They would not, and sat up very straight and looked dignified.

But the two bar girls looked so anxious that he

urged again his offer to them, and Flora, espe-
cially, seemed interested. He insisted, "Come,
my dear, a little courage! Just look at that lilac
pair. It will suit your dress beautifully."

That decided her. She pulled up her dress and
showed a leg as thick as a milkmaid's,* in a
badly fitting,* coarse stocking. The salesman
stooped down and fastened the garter. When he
had done this, he gave her the lilac pair and
asked, "Who next?"

"Me! Me!" they all shouted at once, and he
began on Rosa, who uncovered a shapeless,
round leg without any ankle, a "sausage of a
leg," as Raphaële used to say.

Lastly, Mrs. Tellier herself put out her leg, a
handsome, muscular leg, and the pleased sales-
man gallantly* took off his hat to salute* the leg,
like a true French gentleman.

The two peasants, who were speechless from
surprise, glanced sideways* out of the corner of
one eye. And they looked so exactly like fowls

---

traveling salesman 행상 garters (여성용) 양말대님 cupid 큐피드(사랑의
신) 모양을 한 것 mistress 여주인 in protest 항의의 표시로 milkmaid 목장
에서 일하는 여자 in a badly fitting (옷 등이) 잘 맞지 않는 gallantly (여성에
게) 정중하게 salute …에게 경례하다 glance sideways 곁눈질하다

that the salesman said, "cock-a-doodle-doo.*"
That gave rise to* another storm of laughter.*

The old couple got out at Motteville with their basket, their ducks, and their umbrella. They heard the wife say to her husband as they went away, "They are off to* that cursed place, Paris, where all the bad people go."

The funny salesman got out at Rouen, after behaving so coarsely that Mrs. Tellier had to sharply put him in his proper place.*

At Oissel they changed trains, and at a little station farther on Mr. Joseph Rivet was waiting for them with a large cart with a number of chairs on it, drawn by a white horse.

The carpenter politely kissed all the ladies and then helped them into his cart. Three of them sat on the three chairs at the back, while Raphaële, Mrs. Tellier and her brother sat on the other three chairs in front. Rosa, who had no seat, settled herself as comfortably as she could on tall Fernande's knees, and then they set off.

But the horse's jerky trot* shook the cart so terribly that the chairs began to dance and threw the travelers about, to the right and to the left, which made them scream.

The cart shook,
and threw the travelers about.

cock-a-doodle-doo (닭 우는 소리) 꼬꼬댁 give rise to …을 일으키다
storm of laughter 일시에 터지는 폭소 be off to …로 향하다 put... in
one's proper place …에게 자기 분수를 깨닫게 하다 jerky trot (말이) 뒤뚱거리
며 달리는 것 cf. trot 잰 걸음으로 뛰다

They clung onto the sides of the vehicle, and their bonnets fell on their backs, over their faces and on their shoulders. The green country extended on either side of the road. And the cart rolled on through fields bright with wild flowers. Then it disappeared behind the trees of a farm, only to reappear and to go on again through the yellow or green crops, which were studded with[*] red or blue.

One o'clock struck as they drove up to the carpenter's door. They were tired out and pale with hunger, as they had eaten nothing since they left home. Mrs. Rivet ran out and kissed them one after another as soon as they were on the ground. And she seemed as if she would never tire of[*] kissing her sister-in-law, Mrs. Tellier. They had lunch in the workshop,[*] which had been cleared out for the next day's dinner.

An omelet, followed by smoked ham washed down with[*] good strong cider, made them all feel comfortable.

They wanted to see the little girl, but she had gone to church and would not be back again until evening, so they all went out for a stroll in the country.

It was a small village, through which the main road passed. Ten or a dozen houses on either side of the only street were inhabited by the butcher, the grocer, the carpenter, the innkeeper, the shoemaker, the baker, and other tradespeople.*

The church was at the end of the street, and four enormous linden trees* shaded it completely. When they got past it, they were in the open country again.

Rivet had given his arm to his sister, although he was in his working clothes, and was walking with her in a dignified manner. His wife, who was overwhelmed by Raphaële's gold-embroidered dress, walked between her and Fernande. And chubby Rosa was trotting behind with Louise and Flora, who was limping along, quite tired out.

The inhabitants came to their doors, the children stopped playing, and window curtains were raised. An old woman with a crutch,* who was almost blind, crossed herself* as if it were a reli-

---

be studded with 군데군데 …가 박혀 있다 tire of …에 싫증이 나다 workshop (목수의) 작업실 washed down with …을 듬뿍 뿌린 tradespeople 상인들 linden tree 보리수 with a crutch 목발을 짚은 cross oneself 가슴에 성호를 긋다

gious procession. They all gazed for a long time at those splendid ladies from town, who had come so far to attend the first communion of Joseph Rivet's little girl, and the carpenter rose very much in the public opinion.[*]

As they passed the church they heard some children singing a hymn, but Mrs. Tellier would not let them go in, for fear of disturbing the little children.

After the walk, during which Joseph Rivet had spoken about the crops of the land and the condition of the cows and sheep, he took the women home and settled them in his house. As it was small, he had to put two in each room.

Rivet would sleep in the workshop on the wood shavings,[*] so his wife was to share her bed with her sister-in-law. Fernande and Raphaële were to sleep together in the next room, and Louise and Flora were put into the kitchen, where they had a mattress on the floor. Rosa had a little dark cupboard[*] to herself[*] at the top of the stairs, close to the attic where the young girl was to sleep.

When the little girl came in, she was covered with kisses. All the women wished to embrace[*]

her. They had a need of showing tenderness, and it was the same habit of professional affection* which had made them kiss the ducks on the train.

Each of them took the little girl on their knees, stroked her soft, light hair, and took her in their arms with passionate affection. The child, who was very good and religious, bore it all patiently.

As the day had been a tiring one for everybody, they all went to bed soon after dinner. The whole village was wrapped in that perfect stillness of the country, which was almost like a religious silence. The girls were used to the noisy evenings of their establishment and felt rather intimidated by the perfect silence of the sleeping village. And they felt those little shivers* of loneliness which come over uneasy and troubled hearts.

As soon as they were in bed, in twos,* they clasped each other in their arms, as if to protect themselves against this feeling of loneliness. But

---

rise very much in the public opinion 사람들의 부러움(존경)을 한몸에 받다 wood shavings (나무) 톱밥 cupboard 반침, 벽장 to oneself 혼자서 embrace 껴안다 habit of professional affection 애정을 보여야 하는 직업에서 온 버릇 shivers 오싹한 느낌, 한기 in twos 둘씩

Rosa, who was alone in her little dark cupboard, felt uneasy. She was tossing about[*] in bed, unable to get to sleep, when she heard the faint sobs of a crying child close by. It was the little girl, who was always used to sleeping in her mother's room, and who was afraid, alone in her small attic.

Rosa was delighted. She got up softly so as not to awaken anyone, and went and fetched the child. She took her into her warm bed, kissed her, pressed her to her bosom[*] very tenderly, and at last grew calmer herself and went to sleep. And until morning the candidate for the first communion slept with her head on Rosa's bosom.

At five o'clock the little church bell rang and woke the women, who usually slept until noon.

The villagers were up already. Families of fowls were walking about outside the houses, and here and there a black cock, raised his head, flapped his wings[*] and uttered his shrill cry, which the other cocks repeated.

All kinds of carts and wagons came from neighboring villages. They stopped at the different houses, and women climbed down, wearing dark dresses fastened with very old silver brooches. The men had put on blue smocks* over their coats.*

The carpenter's house was as busy as a bee-hive.* The women, in dressing gowns and petticoats, were busy dressing the child. She was standing quietly on a table, while Mrs. Tellier was directing the movements of her soldiers. They washed her, did her hair, and dressed her. And with the help of a number of pins, they arranged the folds of her dress and took in the waist,* which was too large.

Then, when she was ready, she was told to sit down and not to move, and the women hurried off to get ready themselves.

The church bell began to ring again and all the candidates came out of the houses and went in a group toward the church at the end of the village. The parents, in their very best clothes, followed their children. The little girls wore muslin,* which looked like whipped cream.* The

---

toss about 이리저리 뒤척이다   press... to one's bosom …을 가슴에 꼭 끌어안다   flap one's wings (새가) 홰를 치다   smock 작업복   (frock) coat 남성용 정장 상의   beehive 벌집   take in the waist (옷의) 허리춤을 줄이다   muslin 모슬린(으로 만든 옷)   whipped cream 휘프트크림; 거품을 낸 크림

lads[*] looked like young waiters in a café. And they walked with their legs apart, so as not to get any dust or dirt on their black trousers. A family is proud if a large number of relatives come a long way to see their child take the first communion, so the carpenter felt triumphant.

Mrs. Tellier's regiment[*] proceeded majestically through the village, like a general's staff in full uniform,[*] and the effect on the village was startling.

When they went into the church the congregation[*] grew quite excited. They pushed and shoved one another to see. They were astonished at the sight of those ladies whose dresses were more gorgeous than the priest's vestments.[*]

The mayor offered them his pew,[*] the first one on the right, close to the choir, and Mrs. Tellier sat there with her sister-in-law. Fernande, Raphaële, Rosa, Louise and Flora occupied the second pew, along with the carpenter.

The choir stalls[*] were full of kneeling children, the girls on one side and the boys on the other. Three men were standing in front of the choir, singing as loud as they could.

Then silence followed and the service began.

The church trembled with magnificent hymns and chants, and great solemnity dominated over the bowed heads. Toward the close, Rosa, with her head in both hands, suddenly thought of her mother, her village church, and her first communion. She began to cry.

At first she wept silently, and the tears dropped slowly from her eyes. But her emotion increased with her recollections,* and she began to sob. She took out her handkerchief, wiped her eyes and held it to her mouth, so as not to scream, but it was in vain. A sort of rattle* escaped her throat. She was answered by* two other heartbreaking sobs, for her two neighbors kneeling near her, Louise and Flora, were overcome by similar recollections. And because tears are contagious, Mrs. Tellier soon found that her eyes were wet, and on turning to her sister-in-law, she saw that all the occupants of her pew were also crying.

Soon many women throughout the church were

---

lad 남자아이 regiment (군대) 연대 a general's staff in full uniform 제복을 갖춘 장군 휘하 참모들 congregation (성당에 모인) 신도들 vestments 제복(祭服) pew 신자석 의자 choir stalls 성가대석 recollections 추억 rattle (목에서) 가르랑거리는 소리 A is answered by B B가 A의 뒤를 잇다

The House of Madame Tellier | 151

weeping in sympathy at the sight of those handsome ladies on their knees, shaking with sobs.

Just as sparks will set fire to dry grass, the tears of Rosa and her companions eventually spread to the whole congregation. Men, women, old men and lads were soon all sobbing, and something superhuman seemed to be hovering over their heads – a spirit, the breath of an invisible and all powerful Being.

Sobs and stifled cries filled the church. The priest was paralyzed by emotion. He stammered out incoherent prayers, unable to find words.

The people gradually grew calmer. The priest raised his hand to command silence. After a few remarks on what had just happened, which he attributed to[*] a miracle, he turned to the pews where the carpenter's guests were sitting. He said, "I especially thank you, my dear sisters, who have come such a long way, and whose faithful and pious presence has set such a helpful example to us all. You have enlightened my parish,[*] and your emotion has warmed all hearts, and has allowed the Lord to descend and touch His flock.[*]"

His voice failed him[*] again, from emotion, and

he said no more, but concluded the service.

They now left the church. A noisy crowd gathered outside. The whole houseful of women surrounded Constance and kissed her. Rosa was especially affectionate. At last they set off. Rosa took hold of one hand of the girl, while Mrs. Tellier took the other. Raphaële and Fernande held up her long muslin skirt, so that it wouldn't drag in the dust. Louise and Flora brought up the rear[*] with Mrs. Rivet. The child was very silent and thoughtful, walking in the middle of this guard of honor.[*]

Dinner was served in the workshop. Everywhere in the village people were feasting. Through every window, tables could be seen surrounded by people in their Sunday best,[*] and cheerful laughter was heard in every house.

In the carpenter's house the celebration was slightly reserved, after the emotion of the girls in the church. Rivet was the only one who was in a merry mood, and he was drinking to excess.[*]

---

attribute A to B A를 B의 덕분으로 돌리다   enlighten the parish 교구민을 교화시키다   flock 양떼: 신도들을 말함   His voice failed him 그의 목소리가 나오지 않았다   bring up the rear 뒷자리를 맡다, 맨 뒤에서 오다   guard of honor 의장대   Sunday best 나들이옷   to excess 지나치게

Mrs. Tellier looked at the clock every moment, because, in order not to lose another day, they must take the 3:55 train, which would bring them to Fécamp by dark.[*]

The carpenter tried very hard to distract her attention, so as to keep his guests for another day. But he did not succeed, for she never joked when it came to[*] business. As soon as they had finished their coffee she ordered her girls to hurry up and get ready. Then turning to her brother, she said, "You must prepare the horse immediately," and she herself went to get ready.

When she came down again, her sister-in-law was waiting to speak to her about the child, and a long conversation took place, in which nothing was settled.[*] Mrs. Tellier, who was holding the girl on her knee, would not promise anything definite. She said she would not forget her, there was plenty of time, and besides, they would meet again.

But the carriage did not come to the door and the women did not come downstairs. Upstairs there was loud laughter, little screams, and clapping of hands. So, while the carpenter's wife went to the stable to see whether the cart was ready, Mrs. Tellier went upstairs.

Rivet was very drunk. He was bothering* Rosa, who was half choking with laughter. Louise and Flora were holding him by the arms and trying to calm him, but Raphaële and Fernande were urging him on,* writhing and splitting their sides with laughter.* They uttered shrill cries at every rejection the drunken fellow received.

The man was furious, his face was red, and he was trying to shake off the two women who were clinging to* him, while he was busy pulling Rosa's skirt with all his strength and stammering incoherently.

Mrs. Tellier was very angry. She went up to her brother, seized him by* the shoulders, and threw him out of the room with such violence that he fell against the wall in the passage. A minute afterward they heard him pumping water on his head in the yard, and when he reappeared with the cart he was quite calm.

They went back the same way as they had

---

by dark 해지기 전까지 when it comes to …에 있어서는 be settled 결정
되다 bother 집적거리다, 성가시게 하다 urge... on …을 부추기다 split
one's sides with laughter 배꼽 빠지게 웃다 cling to …에 매달리다 seize
A by B A의 B를 움켜쥐다

come the day before. The little white horse start-
ed off with his quick, dancing trot. Under the hot
sun their sense of fun,* which had been subdued
during dinner, broke out again. The girls now
were amused at the jolting* of the cart, pushed
their neighbors' chairs, and burst out laughing
every moment.

The sun glared over the country, which dazzled
their eyes, and the wheels raised two trails of
dust along the road. Fernande, who was fond of
music, asked Rosa to sing something. She began
to sing "The Grandmother," and all the girls,
even Mrs. Tellier herself, joined in the chorus:*

> "How I miss
> my dimpled* arms,
> my slender legs,
> and the years lost.*"

When they got out at the station, the carpenter
said, "I am sorry you are going. We would have
had a good time together."

Mrs. Tellier replied very sensibly, "Everything
has its right time, and we cannot always be
enjoying ourselves."

He did not reply, and as they heard the whistle[*] of the train, he immediately began to kiss them all. When it came to Rosa's turn, he tried to get to her mouth, but she, smiling with her lips closed, turned away from him. He held her in his arms, but she was too quick for him and he could not achieve his goal.

"Passengers for Rouen, take your seats!" cried a station employee,[*] and they got in. There was a loud whistle from the engine, and the wheels began to turn. Rivet left the station and ran to the barrier[*] to get another look at Rosa. As the carriage passed him, he began to crack his whip[*] and to jump, while he sang at the top of his voice:

"How I miss my dimpled arms, my slender legs, and the years lost."

And then he watched a white handkerchief, which somebody was waving, as it disappeared in the distance.

---

sense of fun 장난기 jolt 덜컹거리다 join in the chorus 후렴구를 함께 부르다 dimpled 포동포동한 the years lost 지나간 시절 whistle 기적소리 station employee 역원(驛員) barrier (철도의) 개찰구 crack one's whip 채찍을 휘둘러 획획 울리다

Part 3

They slept until they got to Rouen, and when they returned to the house, refreshed* and rested, Mrs. Tellier said, "Good gracious!* I'm already bored with this house."

They quickly ate their supper, put on their usual evening costumes, and then waited for their regular customers. The little lamp outside the door told the passers-by that Mrs. Tellier had returned, and in a moment the news spread through the town.

The fish supplier had several cousins to dinner every Sunday. They were having coffee when a man came in with a letter in his hand. It was from Mr. Philippe, the banker's son. Mr. Tournevau opened the envelope and grew pale. It contained only these words:

The ship full of cod* has come into port. Good business for you. Come immediately.

Blushing to his ears, he said, "I must go out."

He handed his wife the note, picked up his hat and overcoat, and left immediately.

Mrs. Tellier's establishment had quite a holiday feeling. On the first floor, a number of sailors were making a deafening* noise, and Louise and Flora drank with one after another,* and were being called for* in every direction at once.

The upstairs room was full by nine o'clock. Judge Vasse, Mrs. Tellier's regular but platonic lover, was saying something to her in a low voice. They were both smiling, as if they had just come to an understanding.*

Mr. Poulin, the ex-mayor, was talking to Rosa, and she was running her hands through the old gentleman's white whiskers.

Tall Fernande was on the sofa, with her feet on the belly of Mr. Pimpesse, the tax collector, leaning back against young Mr. Philippe. With her right arm around his neck, she held a cigarette in her left hand.

Raphaële, the brunette, appeared to be talking

---

refreshed 기분전환이 된 Good gracious! 맙소사! cod (어류) 대구 deafening 귀청이 터질 듯한 with one after another 이 사람 저 사람과 차례로 call for …에게 오라고 부르다 come to an understanding 합의를 보다

seriously with Mr. Dupuis, the insurance agent, and she finished by saying, "Yes, this evening, you will get all you want."

Just then, the door opened suddenly, and Mr. Tournevau came in, and was greeted with enthusiastic cries of "Long live Tournevau!*" Raphaële went and threw herself into his arms. He seized her in a vigorous embrace and, without saying a word, lifted her up as if she were a feather.

Mr. Philippe exclaimed, "I will pay for some champagne. Get three bottles, Mrs. Tellier." And Fernande gave him a hug, and whispered to him, "Play us a waltz, will you?" So he rose and sat down at the old piano in the corner, and began to play.

Fernande put her arms around the tax collector. Mrs. Tellier let Mr. Vasse take her around the waist, and the two couples turned around, kissing as they danced. Mr. Vasse had once danced in good society,* and he waltzed with such elegance that Mrs. Tellier was quite captivated.*

Frédéric brought the champagne. The first cork popped, and Mr. Philippe played a lively polka.* Mr. Tournevau started off with Raphaële, whom

Mrs. Tellier's establishment had
quite a holiday feeling.

Long live Tournevau! 투르느보 만세! good society 상류사회 be capti-
vated 매혹 당하다, 넋을 잃다 polka (춤곡) 폴카

he held without letting her feet touch the ground. From time to time one or other couple would stop to drink a long draft of* sparkling wine.

Rosa got up. "I want to dance," she exclaimed, and she caught hold of Mr. Dupuis, who was sitting on the couch.

But the bottles were empty. "I will pay for one," said Mr. Tournevau. "So will I," declared Mr. Vasse. "And, I will do the same," remarked Mr. Dupuis.

At midnight they were still dancing. From time to time Louise and Flora ran upstairs quickly and danced a few turns,* while their customers downstairs grew impatient, and then they returned regretfully to the bar.

At last, at one o'clock, the two married men, Mr. Tournevau and Mr. Pimpesse, declared that they were going home, and wanted to pay. Nothing was charged for except the champagne, and that cost only six francs a bottle, instead of ten, which was the usual price. When the men expressed their surprise at such generosity,* Mrs. Tellier smiled and said to them:

"We don't have a holiday every day."

---

drink a long draft of …을 한 번 길게 들이키다　dance a few turns 몇 차례
춤을 추다　generosity 관대함, 후함

The False Gems

*He only disapproved
of two things about her:
her love for the theater,
and taste for false jewelry.*

Mr. Lantin met the young woman at a small party at the home of the assistant chief of his office, and fell madly in love with her at first sight.*

She was the daughter of a provincial tax collector who had died several years before. She had come to live in Paris with her mother, who frequented some bourgeois* families in her neighborhood, hoping to find a good husband for her daughter. They were poor but honorable, quiet and gentle.

The young girl was a perfect type of the virtuous woman whom every sensible young man dreams of trusting with* his happiness. Her simple beauty had the charm of angelic modesty, and her smile seemed to be the reflection of a pure and lovely soul. She was praised by everyone. People were never tired of saying, "Happy will be the man who wins her love! He could not find a better wife."

Mr. Lantin, then chief clerk* in the Department

of the Interior,[*] with an income of three thousand five hundred francs a year, proposed to this lovely young girl and she accepted.

He was as happy as could be with her. She managed his household in such a clever way that they seemed to live in luxury. She paid the most thoughtful attention to her husband, sweet-talked[*] and caressed[*] him. Her charm was so great that six years after their marriage he discovered that he loved his wife even more than during the first days of their honeymoon.

He only disapproved of two things about her: her love for the theater, and taste for false jewelry. Her friends (the wives of some petty officials[*]) frequently procured[*] for her a box[*] at the theater, often for the opening night of new plays. And her husband was obliged to accompany her, whether he wanted to or not. And they bored him very much after his day's work at the office.

After a time, Mr. Lantin begged his wife to get some lady friend to accompany her. At first she

---

at first sight 첫눈에 bourgeois 중산계급의 trust A with B A에게 B를 믿고 맡기다 chief clerk 주사(主事) Department of the Interior (프랑스) 내무성 sweet-talk …을 달콤한 말로 달래다 caress …에게 애교부리다 petty official 하급 공무원 procure …을 얻다 box (극장의) 특등석

refused, but after a lot of persuasion she finally agreed, and he was delighted.

With her love for the theater came the desire to wear jewelry. Her costumes remained as before, simple, in good taste, and always modest, but she soon began to adorn her ears with[*] huge rhinestones[*] which glittered and sparkled like real diamonds. Around her neck she wore strings of false pearls, and on her arms bracelets of imitation gold.

Her husband frequently protested, saying, "My dear, as you cannot afford to buy real diamonds, you ought to appear adorned with your beauty and grace alone, which are the most precious ornaments a woman has."

But she would smile sweetly, and say, "What can I do? I am so fond of jewelry. It is my only weakness. We cannot change our natures."

Then she would roll the pearl necklaces around her fingers, and hold up the bright gems[*] so that her husband could admire them, gently coaxing[*] him, "Look! Aren't they lovely? One would swear they were real."

Mr. Lantin would then answer, smilingly, "You have unconventional[*] tastes, my dear."

Often in the evening, when they were together alone by the fireside, she would place on the tea table the leather box containing the "trash," as Mr. Lantin called it. Then she would examine the false gems with passionate attention as though they were in some way connected with a deep and secret joy. She often insisted on putting a necklace around her husband's neck, then she would laugh heartily[*] and exclaim, "How funny you look!" Then she would throw herself into his arms and kiss him affectionately.

One evening in winter, she had been to the opera, and caught a chill.[*] The next morning she coughed, and a week later she died of inflammation of the lungs.[*]

Mr. Lantin's despair was beyond description, and his hair became white in one month. He wept continuously. His heart was broken as he remembered her smile, her voice, and every charm of his dead wife.

Time, the healer, did not heal his grief. Often

---

adorn A with B A를 B로 장식하다 rhinestone 라인스톤; 모조 다이아몬드 gem 보석 coax …을 달콤한 말로 달래다 unconventional 틀에 박히지 않은, 특이한 heartily 마음껏 catch a chill 한기(감기)가 들다 inflammation of the lungs 폐렴

during office hours,[*] while his colleagues were chatting, his eyes would suddenly fill with tears, and he would burst into heartrending[*] sobs. Everything in his wife's room remained as it was before her death, and every night he would sit in it and think of her who had been his treasure – the joy of his existence.

But life soon became a struggle.[*] His income, with which his wife had covered all household expenses, was now no longer enough for his basic needs.[*] He wondered how she could have managed to afford such excellent wine and food.

He got into debt and was soon reduced to poverty. One morning, finding himself without a sou in his pocket, he resolved to sell something, and, immediately, he decided to sell his wife's false jewels. They had always irritated him in the past, and the very sight of them spoiled the memory of his lost darling.

To the last days of her life, she had continued to buy more, bringing home new gems almost every evening. He decided to sell her favorite heavy necklace. He thought it ought to be worth[*] about six or seven francs, for although it was false, it was of very fine workmanship.[*]

The widower opened his eyes wide,
and gaped at the price the jeweler offered.

---

office hours 근무시간 heartrending 가슴이 터질 것 같은, 몹시 슬픈 life
becomes a struggle 생활(형편)이 어려워지다 needs 필요한 것, 욕구 be
worth 가격이 …이다 of fine workmanship 세공이 뛰어난

He put it in his pocket and went out in search of a jeweler's shop. He entered the first one he saw – feeling a little ashamed to reveal his poverty by offering such a worthless article for sale. "Sir," he said to the merchant, "I would like to know what this is worth."

The man took the necklace, examined it, called his clerk and made some quiet remarks, then he put the ornament back on the counter, and looked at it again from a distance.

Mr. Lantin was annoyed by all this detail* and was on the point of* saying, "Oh! I know well enough it is not worth anything," when the jeweler said, "Sir, that necklace is worth from twelve to fifteen thousand francs, but I could not buy it unless you tell me where you got it from."

The widower* opened his eyes wide and remained gaping,* not understanding the merchant's meaning. Finally he stammered, "You say – are you sure?" The merchant replied drily, "You can search elsewhere and see if anyone will offer you more. I consider it worth fifteen thousand at the most.* Come back here if you cannot find a better offer."

Mr. Lantin was astonished. He picked up the

necklace and left the store. He needed time to think. Once outside, he laughed, and said to himself, "The fool! I should have sold it to him! That jeweler cannot distinguish real diamonds from* a fake."

A few minutes after, he entered another store. As soon as the merchant glanced at the necklace, he cried out, "Ah, yes! I know it well. It was bought here."

Mr. Lantin was disturbed, and asked, "How much is it worth?"

"Well, I sold it for twenty five thousand francs. I am willing to take it back for eighteen thousand when you inform me, according to our legal formality,* how it came into your possession."

Mr. Lantin was bewildered. He replied, "But – but – examine it well. Until this moment I was under the impression that* it was false."

The jeweler said, "What is your name, sir?"

"Lantin – I work for the Minister of the Interior. I live at number sixteen Rue des

---

detail 자질구레한 절차 be on the point of 막 …하려는 순간이다 widower 홀아비 gape (놀라서) 입을 벌리다 at the most 최대한으로 받으면 distinguish A from B A와 B를 구별하다 legal formality 법적 절차 be under the impression that …라고 생각하고 있다

Martyrs."

The merchant looked through his books, found the entry,[*] and said, "That necklace was sent to Mrs. Lantin's address, sixteen Rue des Martyrs, July 20th, 1876."

The two men looked into each other's eyes – the widower speechless with astonishment, the jeweler suspecting a thief.[*] The jeweler said, "Will you leave this necklace here for twenty-four hours? I will give you a receipt."

"Certainly," answered Mr. Lantin, hastily. Then, putting the receipt in his pocket, he left the store. He wandered aimlessly through the streets in a state of confusion. He tried to reason,[*] to understand. His wife could not afford to buy such an expensive ornament. Certainly not. But, then, it must have been a present! A present! A present from whom? Why was it given to her?

He stopped and stood in the middle of the street. A horrible doubt entered his mind – she? Then all the other gems must have been presents, too! The earth seemed to tremble beneath him – the tree before him was falling. Throwing up his arms, he fell to the ground, unconscious. He recovered his senses[*] in a pharmacy, and was then taken home. When he arrived he shut himself up in his room and wept until nightfall. Finally, he threw himself on the bed, where he passed an uneasy, restless night.

The following morning he rose and prepared to go to the office. But it was hard to work after such a shock. He sent a letter to his employer requesting to be excused.* Then he remembered that he had to return to the jeweler's. He did not like the idea, but he could not leave the necklace there. So he got dressed and went out.

It was a lovely day, a clear, blue sky smiled on the busy city below, and people were strolling about with their hands in their pockets.

Observing them, Mr. Lantin said to himself, "The rich are certainly happy. With money it is possible to forget even the deepest sorrow. One can go where one pleases,* and in travel find that distraction* which is the surest cure for* grief. Oh, if only I were rich!"

He began to feel hungry, but his pocket was

---

entry 기입된 내용   suspect a thief 도둑이 아닐까 의심하다   reason 논리적으로 생각하다   recover one's senses 의식을 회복하다   be excused (결석·불참) 양해받다   One can go where one pleases 가고 싶은 곳 어디나 갈 수 있다   distraction 기분전환   cure for …을 치료하는 방법

empty. He again remembered the necklace. Eighteen thousand francs! Eighteen thousand francs! What a sum![*]

He soon arrived outside the jeweler's. Eighteen thousand francs! Twenty times he decided to go in, but shame kept him back.[*] He was hungry, however, very hungry, and didn't have a sou in his pocket. He decided quickly, ran across the street and entered the store.

The merchant immediately came forward, and politely offered him a chair. And the clerks glanced at him, smiling pleasantly.

"I have made inquiries,[*] Mr. Lantin," said the jeweler, "and if you still wish to sell the gems, I am ready to pay you the price I offered."

"Certainly, sir," stammered[*] Mr. Lantin.

The merchant took eighteen large bills from a drawer, counted and handed them to Mr. Lantin, who signed a receipt and with a trembling hand put the money into his pocket. As he was about to leave the store, he turned toward the merchant, who was still smiling, and lowering his eyes, said, "I have – I have other gems which I have received from the same source.[*] Will you buy them also?"

The merchant bowed, "Certainly, sir."

Mr. Lantin said gravely, "I will bring them to you." An hour later he returned with the gems.

The large diamond earrings were worth twenty thousand francs; the bracelets, thirty-five thousand; the brooches, rings and medals, sixteen thousand; an ornament of emeralds and sapphires, fourteen thousand; a gold chain with a single big gem, forty thousand; and so on – making the sum of one hundred and ninety-six thousand francs.

That day he lunched at an expensive restaurant and drank wine worth twenty francs a bottle. Then he hired a carriage,* and he could hardly stop himself from crying out, "I am rich! I am worth* two hundred thousand francs."

Suddenly he thought of his employer. He drove up to the office, and entered happily, saying, "Sir, I have come to resign. I have just inherited three hundred thousand francs."

He shook hands with his former colleagues and

What a sum! 얼마나 대단한 액수인가! keep... back ···을 막다 make inquiries 조사(문의)하다 stammer (말을) 더듬다 source 출처 hire a carriage 마차를 불러 타다 worth ···의 재산을 보유한

told them some of his projects[*] for the future. Then he went off to dine at another luxurious restaurant. He sat beside an aristocratic[*] gentleman, and during the meal almost told him that he had just inherited a fortune of four hundred thousand francs.

For the first time in his life he was not bored at the theater, and he stayed out[*] all night until dawn.

Six months afterward he married again. His second wife was a very virtuous woman, with a violent temper. She made him suffer a lot.

---

project (야심 찬) 계획   **aristocratic** 귀족의, 귀족적인   **stay out** 집 밖에서 시간을 보내다

My Uncle Jules

*When the big steamers were returning
from unknown and distant countries,
my father would invariably utter the same words:
"What a surprise it would be
if Jules were on that one! Eh?"*

A white-haired old man begged us for alms.[*] My companion, Joseph Davranche, gave him five francs. Noticing my surprised look, he said, "That unfortunate man reminds me of a story, the memory of which continually pursues me. Here it is." And he started the story:

My family, which came from Le Havre, was not rich. We just managed to make both ends meet.[*] My father worked hard, came home late from the office, and earned very little. I had two sisters.

My mother suffered a good deal from our narrow circumstances,[*] and she often had harsh words for her husband, roundabout and sly reproaches. The poor man then made a gesture which used to distress me. He would pass his open hand over his forehead, as if to wipe away sweat which did not exist, and he would answer nothing. I felt his helpless suffering. We economized on everything, and never would accept an invitation to dinner, so as not to have to return the courtesy.* All our provisions were bought at bargain sales. My sisters made their own dresses, and long discussions would arise on the price of a piece of braid worth fifteen centimes a meter. Our meals usually consisted of soup and beef, prepared with every kind of sauce. They say it is wholesome and nourishing, but I would have preferred a change.

I used to go through terrible scenes* on account of lost buttons and torn trousers.

Every Sunday, dressed in our best clothes, we would take our walk along the breakwater.* My father, in a frock coat, top hat, and kid* gloves, would offer his arm to my mother, who was decked out in* ribbons like a ship on a holiday. My sisters, who were always ready first, would await the signal for leaving, but at the last minute someone always found a spot on my father's frock coat, and it had to be wiped away quickly with a rag wetted with benzine.*

---

beg for alms 적선을 빌다　make both ends meet 빚지지 않고 살다　narrow circumstances 쪼들리는 형편　return the courtesy 답례하다　go through a scene 소란을 겪다　breakwater 방파제　kid 새끼염소가죽 decked out in …로 치장한　benzine 벤진; 무색 휘발유

My father, in his shirt sleeves,[*] his top hat on his head, would await the completion of the operation, while my mother, putting on her spectacles, and taking off her gloves in order not to spoil them, would make haste.

Then we set out ceremoniously. My sisters marched on ahead, arm in arm. They were of marriageable age and had to be displayed. I walked on the left of my mother and my father on her right. I remember the pompous air of my poor parents in these Sunday walks, their stern expression, their stiff walk.

Every Sunday, when the big steamers[*] were returning from unknown and distant countries, my father would invariably utter the same words:

"What a surprise it would be if Jules were on that one! Eh?"

My Uncle Jules, my father's brother, was the only hope of the family, after being its only fear. I had heard about him since childhood, and, knowing as much about him as I did,[*] it seemed to me that I should recognize him immediately. I knew every detail of his life up to the day of his departure for America, although this period of his life was spoken of only in hushed tones.

It seems that he had led a bad life, that is to say,[*] he had squandered some money, which, in a poor family, is one of the greatest crimes. With rich people a man who amuses himself only sows his wild oats.[*] But among needy families a boy who forces his parents to break into the capital[*] becomes a good-for-nothing,[*] a rascal. This distinction is just, although the action is the same, for consequences alone determine the seriousness of the act.

Well, Uncle Jules had visibly diminished the inheritance on which my father had counted, after he had spent his own to the last penny.[*] Then, according to the custom of the times, he had been shipped off to America on a freighter[*] going from Le Havre to New York.

Once there, my uncle began to sell something or other, and he wrote that he was making a little money and that he soon hoped to be able to compensate my father for the harm he had done him.

---

in one's shirt sleeves 셔츠 바람으로 steamer 증기선 know as ~ I did 내가 그에 대해 알만큼은 알다 that is to say 즉 sow one's wild oats 젊어서 방탕하게 살다 break into the capital 있는 재산을 축내다 good-for-nothing 쓸모 없는 to the last penny 한 푼도 남김없이 freighter 화물선

This letter caused a profound emotion in the family. Jules, who up to that time had not been worth his salt,[*] suddenly became a good man, a kind-hearted fellow, true and honest like all the Davranches.

One of the captains told us that Uncle Jules had rented a large shop and was doing an important business.

Two years later a second letter came, saying,

My dear Philippe, I am writing to tell you not to worry about my health, which is excellent. Business is good. I leave tomorrow for a long trip to South America. I may be away for several years without sending you any news. If I shouldn't write, don't worry. When my fortune is made I shall return to Le Havre. I hope that it will not be too long and that we shall all live happily together...

This letter became the gospel[*] of the family. It was read on the slightest provocation,[*] and it was shown to everybody.

For ten years nothing was heard from Uncle

Jules, but as time went on my father's hope grew, and my mother also often said, "When that good Jules is here, our position will be different. He is the one who knew how to get along!*"

And every Sunday, while watching the big steamers approaching from the horizon, pouring out a stream of smoke, my father would repeat his eternal question: "What a surprise it would be if Jules were on that one! Eh?"

We almost expected to see him waving his handkerchief and crying, "Hey! Philippe!"

Thousands of schemes had been planned relying on this expected return. We were even to buy a little house with my uncle's money – a little place in the country near Ingouville. In fact, I wouldn't swear that my father had not already begun negotiations.

The elder of my sisters was then twenty-eight, the other twenty-six. They were not yet married, and that was a great grief to everyone.

At last a suitor* presented himself for the

---

be not worth one's salt 밥값을 못하다, 쓸모없다   gospel 복음서   on the slightest provocation 툭하면, 아주 사소한 일에도   get along 해결해나가다, 살아가다   suitor 구혼자

younger one. He was a clerk, not rich, but honorable. I have always been certain that Uncle Jules' letter, which was shown to him one evening, had swept away* the young man's hesitation and definitely decided him.

He was accepted eagerly, and it was decided that after the wedding the whole family should take a trip to Jersey.

Jersey is the ideal trip for poor people. It is not far. One crosses a strip of sea* in a steamer and lands on foreign soil,* as this little island belongs to England. This trip to Jersey completely absorbed our ideas, and it was our sole anticipation.

At last we left. I see it as plainly as if it had happened yesterday. The boat was getting up steam against the quay at Granville. My father, bewildered, was watching the loading of our three pieces of baggage. Mother, nervous, had taken the arm of my unmarried sister, who seemed lost since the marriage of her sister, like the last chicken of a brood.* Behind us came the bride and groom, who always stayed behind, which often made me turn around.

The whistle sounded. We got on board, and the

vessel, leaving the breakwater, forged ahead* through a sea as flat as a marble table. We watched the coast disappear in the distance, happy and proud, like all who do not travel much.

My father was swelling out* his chest beneath his frock coat, which had that morning been very carefully cleaned, and he spread about him that odor of benzine which always made me recognize Sunday. Suddenly he noticed two elegantly dressed ladies to whom two gentlemen were offering oysters.* An old, ragged* sailor was opening them with his knife and passing them to the gentlemen, who would then offer them to the ladies. They ate them in a dainty manner, holding the shell on a fine handkerchief and leaning forward a little in order not to spot* their dresses. Then they would drink the liquid quickly and throw the shell overboard.*

My father was probably pleased with this delicate manner of eating oysters on a moving ship.

---

sweep away …을 불식시키다 a strip of sea 좁은 해협 foreign soil 외국 (땅) brood 한배 병아리 forge ahead 배가 (타력이나 조류로) 전진하다 swell out …을 부풀게 하다 oyster (조개류) 굴 ragged 누더기를 걸친, 초라한 spot …을 얼룩지게 하다 overboard 배 밖으로

He went up to my mother and sisters, and asked, "Would you like me to offer you some oysters?"

My mother hesitated on account of the expense, but my two sisters immediately accepted. My mother said in an irritated manner, "I am afraid that they will hurt my stomach. Offer the children some, but not too much, it would make them sick." Then, turning toward me, she added, "As for Joseph, he doesn't need any. Boys shouldn't be spoiled.*"

So, I remained beside my mother, finding this discrimination* unjust. I watched my father as he pompously led my two sisters and his son-in-law toward the ragged old sailor.

The two ladies had just left, and my father told my sisters how to eat them without spilling the liquor. He even tried to show them an example,* and seized an oyster. He attempted to imitate the ladies, and immediately spilled all the liquid over his coat. I heard my mother mutter, "He would do far better to* keep quiet."

But, suddenly, my father appeared to be worried, and he retreated a few steps, stared at his family gathered around the old sailor, and quickly came toward us. He seemed very pale, with a peculiar look. In a low voice he said to my mother, "It's extraordinary how that man opening the oysters looks like Jules."

Astonished, my mother asked, "What Jules?"

My father continued, "Why,[*] my brother. If I did not know that he was well off in America, I should think it was he."

Bewildered, my mother stammered, "You are crazy! As long as you know that it is not he, why do you say such foolish things?"

But my father insisted. "Go on over[*] and see, Clarisse! I would rather have you see with your own eyes."

She rose and walked to her daughters. I, too, was watching the man. He was old, dirty, and wrinkled, and did not lift his eyes from his work.[*]

My mother returned. I noticed that she was trembling. She exclaimed quickly, "I believe that it is he. Why don't you ask the captain? But be very careful that we don't have this rogue[*] on

---

be spoiled (아이가) 버릇이 나빠지다 discrimination 차별 show... an example …에게 시범을 보이다 would do far better to …하는 편이 훨씬 낫다 why (감탄사) 그야 물론 go on over 그쪽으로 가다 lift one's eyes from one's work 일을 하다가 멈추고 고개를 들다 rogue 사기꾼, 악당

our hands* again!"

My father walked away, but I followed him. I felt strangely excited.

The captain, a tall, thin man with blond whiskers, was walking along the bridge* with an important air as if he were commanding the Indian mail steamer.*

My father addressed him ceremoniously, and questioned him about his profession, adding many compliments: What might be the importance of Jersey? Its produce? The population? The customs? The nature of the soil? etc., etc.

At last my father asked the question in a shaky voice:

"You have there an old sailor opening oysters who seems quite interesting. Do you know anything about him?"

The captain, who was becoming bored with the conversation, answered drily, "He is some old French tramp,* whom I found last year in America, and I brought him back. It seems that he has some relatives in Le Havre, but that he doesn't wish to return to them because he owes them money. His name is Jules – Jules Darmanche or Davranche or something like that.

It seems that he was once rich over there, but you can see what's left of him now.*"

My father turned ashy gray* and muttered, with his throat choked, and his eyes haggard.*

"Ah! Ah! Very well, very well. I'm not in the least surprised. Thank you very much, captain."

He went away, and the astonished captain watched him disappear. My father returned to my mother so upset that she said to him, "Sit down. Someone will notice that something is the matter."

He sank down* on a bench and stammered, "It's he! It's he!" Then he asked, "What are we going to do?"

My mother answered quickly, "We must get the children out of the way.* Since Joseph knows everything, he can go and get them. We must take good care that our son-in-law doesn't find out."

My father seemed absolutely bewildered. He murmured, "What a catastrophe!"

---

have... on one's hands ···을 떠맡다 bridge 선교(船橋) Indian mail steamer 인도행 우편선 tramp 떠돌이 what's left of him 그의 처지, 그에게 남은 것 turn ashy gray (얼굴이) 잿빛이 되다 haggard 초췌한 sink down 털썩 주저앉다 get... out of the way ···을 떨어져 있게 하다

Suddenly growing furious, my mother exclaimed, "I always thought that that thief would never do anything, and that he would be a burden on us again! As if one could expect anything from a Davranche!*"

My father passed his hand over his forehead, as he always did when his wife reproached him. She added, "Give Joseph some money so that he can pay for the oysters. We would be in deep trouble,* if that beggar recognized us. That would be very pleasant! Let's get down to the other end of the boat, and take care that that man doesn't come near us!"

They gave me five francs and walked away.

Astonished, my sisters were awaiting their father. I said that mamma had felt a sudden attack of seasickness,* and I asked the sailor, "How much do we owe you, sir?"

I felt like calling him my uncle! He answered, "Two francs fifty."

I held out my five francs and he returned the change. I looked at his hand. It was a poor, wrinkled, sailor's hand, and I looked at his face, an unhappy, old face. I said to myself, "That is my uncle, the brother of my father, my uncle!"

"How much do we owe you, sir?"
I felt like calling him my uncle!

As if ~ a Davranche! 다브랑쉬 집안 사람에게 기대할 게 뭐가 있겠어요! **be in deep trouble** 심각한 곤경에 처하다, 엄청나게 망신당하다 **an attack of sea-sickness** 갑자기 시작된 뱃멀미

I gave him fifty centimes as a tip. He thanked me, "God bless you, my young sir!"

He spoke like a poor man receiving alms. I couldn't help thinking that he must have begged over there! My sisters looked at me, surprised at my generosity. When I returned the two francs to my father, my mother asked me in surprise, "Was it worth three francs? That is impossible."

I answered in a firm voice, "I gave fifty centimes as a tip."

My mother started,[*] and, staring at me, she exclaimed, "You must be crazy! Give fifty centimes to that man, to that beggar..."

She stopped at a look from[*] my father, who was pointing at his son-in-law. Then everybody was silent.

Before us, on the distant horizon, a purple shadow seemed to rise out of the sea. It was Jersey.

As we approached the breakwater a violent desire seized me to see my Uncle Jules once more, to be near him, and to say to him something consoling, something tender. But as no one was eating oysters any more, he had disappeared, having probably gone below to the dirty hold[*] which was the home of the poor wretch.[*]

We returned home right away on the boat for Saint-Malo, so as not to run into[*] the man again. My mother was as nervous as a cat[*] all that time.

I have never met my uncle since then.

Well, that is the reason why you will from time to time find me give five francs to vagabonds.

---

start (놀라서) 움찔하다   stop at a look from ⋯의 시선[표정]을 보고 말을 멈추
다   hold (배 밑) 화물칸   wretch 가엾은 사람   run into ⋯와 마주치다   as
nervous as a cat 안절부절 못하는

명작
우리글로
다시읽기

THE NECKLACE
& OTHER STORIES
GUY DE MAUPASSANT

목걸이

P. 14 그녀는 마치 운명의 실수로 하찮은 월급쟁이 집안에 태어난 듯한 아름답고 매력적인 아가씨들 중 하나였다. 그녀에겐 지참금도, 유산상속의 가망도 없었기에 문부성에서 일하는 하급 공무원과 결혼할 수밖에 다른 도리가 없었다.

그녀는 좋은 옷을 해 입을 여유가 없어서 수수하게 입었다. 자신이 정말로 높은 신분에서 추락한 사람처럼 느껴져 불행하기 짝이 없었다. 어떤 여자들에게는 미모와 우아함과 매력이 가문과 출생을 대신하는 법이다. 우아한 것이 무엇인지 아는 타고난 지능과 본능이 그녀들을 지체 높은 귀부인들과 동등한 존재로 만드는 것이다.

마틸드는 스스로를 이 세상 모든 사치를 누리기 위해 태어난 존재로 여겼기 때문에 늘 마음이 괴로웠다. 자신의 가난한 집과, 텅 빈 벽과, 초라한 의자들과, 보기흉한 커튼을 볼 때마다 속이 상했다. 그녀가 속한 계급의 다른 여자라면 느끼지도 못했을 이런 것들 때문에 그녀는 괴롭고 화가 나 미칠 것 같았다. 그녀는 동양풍 주단이 드리워진 조용한 방들과 여러 명의 하인들을 꿈꾸었다.

P. 15 그녀는 진귀한 비단으로 치장된 긴 홀들과, 돈 주고도 살 수 없는 골동품으로 가득 찬 벽장들과, 가까운 친구들과 유명한 남자들, 그리고 이를 부러워하는 여인들이 모두 찾아와서 자신과 담소를 나누는 향기로운 응접실을 상상했다.

사흘째 갈지 않은 식탁보가 덮인 둥근 식탁 앞에 남편과 마주 앉아 저녁을 먹을 때면, 그리고 남편이 신이 나서 수프 그릇을 열고는 "아, 맛있는 수프! 내가 이것보다 더 좋아하는 건 없지."라고 말할 때면 그녀는 화려한 접시에 차려진 맛있는 음식들과 번쩍거리는 은식기를 머리에 떠올렸다. 그리고 장밋빛 송어 살 요리나 메추라기 날갯죽지 요리를 먹으며 젊은 남자들이 속삭이는 칭찬을 미소 띤 얼굴로 듣고 있는 자신의 모습을 마음속으로 그려보았다.

그녀에게는 화려한 드레스도, 보석도, 아무것도 없었다. 그런데 그녀가 무엇보다 좋아하는 것은 바로 그런 것들이었다. 자신은 그런 것들과 정말 딱 어울리는 존재라고 생각했다. 그녀는 선망의 대상이 되고 사람들을 매혹시켜 인기를 누리고 싶은 마음이 간절했다.

P. 16 그녀에게는 수녀원에서 운영하는 여학교에서 함께 공부했던 부자 친구가 한 명 있었다. 하지만 이제는 그 친구를 만나는 것이 꺼려졌다. 그 친구를 만나고 집에 돌아오면 너무나 불행하게 느껴졌기 때문이었다.

어느 날 저녁, 그녀의 남편이 손에 커다란 봉투를 들고 희색이 만연해서 집에 왔다.

"여기, 여기 당신에게 줄 것이 있소." 남편이 말했다.

그녀는 서둘러 봉투를 뜯었다. 그 안에는 다음과 같은 내용이 인쇄된 카드가 들어 있었다.

문부성 장관 조르쥬 랑포노 내외 주최로 1월 18일 월요일 저녁 장관 관저에서 열리는 파티에 루아젤 내외께서 참석하시어 자리를 빛내 주시기 바랍니다.

남편이 기대한 대로 즐거워하기는커녕, 그녀는 토라진 얼굴로 그 초대장을 식탁 위에 내던지며 이렇게 투덜거렸다. "그러니 나더러 이걸 가지고 어쩌라는 거예요?"

"이런, 여보, 난 당신이 좋아할 줄 알았소. 당신은 좀처럼 외출을 하지 않으니 이런 좋은 기회가 또 어디 있겠소? 이걸 얻느라고 내가 얼마나 애를 먹은 줄 아시오? 다들 가려고 하는 바람에 말이오. 하지만 워낙 선별된 사람들만 가는 파티라 말단 직원들에게는 몇 장 주지도 않았단 말이오.

P. 17 그날은 정부인사들이 모두 모이는 자리요."

그녀는 짜증 섞인 눈길로 남편을 노려보며 못 참겠다는 듯 말했다. "나더러 무엇을 걸치고 가란 말이에요?"

남편은 그런 생각은 해보지도 않았다. 그가 중얼중얼 말했다. "글쎄, 당신이 극장에 갈 때 입는 옷을 입으면 되지 않소. 내가 보기엔 멋있던데."

아내가 울고 있는 것을 본 남편은 말을 멈추었다. 두 줄기 굵은 눈물이 그녀의 눈에서 입가로 천천히 흘러내리고 있었다.

"왜 그래요? 대체 왜 그러는 거요?" 남편이 놀라 물었다.

"아무것도 아니에요." 그녀가 젖은 뺨을 닦으며 대답했다. "단지 무도회에 입고 갈 옷이 없어서 이 무도회에 갈 수가 없다는 것뿐이에요. 당신 초대장은 저보다 더 옷을 잘 입는 부인을 둔 다른 동료에게나 주세요."

남편은 기분이 상했다. 그가 말했다. "자, 이러지 말아요, 마틸드, 그럼 적당한 옷 한 벌에 얼마나 들겠소? 나중에 다시 입을 수 있는 너무 요란하지 않은 옷으로 말이오."

P. 18 그녀는 얼마를 요구해야 이 검소한 공무원이 일언지하에 안 된다고 하면서 대경실색해서 소리지르는 일이 없을지 잠시 생각했다. 마침내 그녀가 대답했다. "잘은 모르겠지만, 제 생각에 400프랑이면 그런대로 어떻게 될 것 같아요."

남편의 얼굴이 약간 창백해졌다. 다음해 여름 친구들과 오리 사냥 가기 위한 엽총을 살 돈으로 딱 400프랑을 모아두었던 것이었다. 어쨌든 그가 말했다. "좋소. 당신에게 400프랑을 주리다. 예쁜 옷을 사구려."

무도회 날이 다가왔고, 입고 갈 옷이 준비되었건만 루아젤 부인은 여전히 속상하고, 불안하고, 걱정스러운 얼굴이었다. 어느 날 저녁 그녀의 남편이 그녀에게 다시 물었다. "대체 왜 그래요? 지난 사흘간 당신이 이상하게 굴고 있으니 말이오."

그녀가 대답했다. "보석 한 점, 패물 하나 없으니 화가 나서 그래요. 치장할 게 하나도 없잖아요. 얼마나 초라하게 보이겠어요? 차라리 파티에는 아예 가지 않는 게 낫겠어요."

"꽃을 달면 되지 않소?" 남편이 말했다. "일년 중 요즘은 꽃을 꽂고 다니는 게 유행 아니오. 10프랑이면 아주 근사한 장미 두세 송이는 살 수 있을 거요."

P. 19 그녀는 남편 말이 수긍이 되지 않았다. "안 돼요. 돈 많은 여자들 틈에 끼어 혼자 초라해 보이는 것만큼 낯뜨거운 일이 또 있는 줄 아세요?"

"당신도 참 바보군!" 그녀의 남편이 외쳤다. "당신 친구 포레스티에 부인을 찾아가 보구려. 그래서 보석을 좀 빌려달라고 부탁하면 되지 않소. 그정도는 부탁할 수 있는 사이잖소."

그녀도 환호성을 질렀다. "맞아요! 그 생각을 미처 못했네요."

이튿날 그녀는 친구에게 가서 자신의 문제를 털어놓았다. 포레스티에 부인은 거울이 달린 옷장으로 가서 커다란 보석상자를 꺼내 들고 오더니 상자를 열고 이렇게 말했다. "골라봐."

그녀는 먼저 팔찌들을 구경했고 다음엔 진주 목걸이를, 다음엔 보석들이 박힌 십자가를 보았다. 거울 앞에서 이 패물들을 걸쳐 보았지만 딱히 마음에 차는 것이 없었다. 그녀는 계속 "다른 건 또 없어?"라고 물었다.

"또, 있지 그럼. 더 구경해. 네가 무엇을 좋아할지 몰라서 말이야."

P. 20 그때 갑자기, 검은 공단 상자 안에 들어 있는 휘황찬란한 다이아몬드 목걸이가 그녀의 눈에 들어왔고, 그녀의 가슴이 욕망으로 빠르게 뛰기 시작했다. 목걸이를 집어 올리는 그녀의 두 손이 떨렸다. 그녀는 목걸이를 자신의 목에 걸어보았고, 거울에 비친 자신의 모습이 너무나 황홀해 넋을 잃었다. 이윽고 그녀는 친구가 이런 것을 빌려줄까 하는 걱정스러움에 머뭇거리며 물었다. "이것을 좀 빌릴 수 있을까? 이거 하나면 될 것 같아."

"되고말고. 그럼, 당연히 되지."

그녀는 두 팔로 친구의 목을 얼싸안고 감사에 넘치는 키스를 한 다음, 소중한 목걸이를 들고 친구 집을 나섰다.

무도회가 열리는 밤이 왔다. 루아젤 부인은 대성공을 거두었다. 그녀가 파티에 온 다른 어떤 여자보다도 아름다웠던 것이다. 그녀는 우아하고 품위 있는 모습으로 잔뜩 기쁨에 들떠 연방 미소를 지었다. 남자라면 누구나 그녀를 쳐다보았고, 그녀가 누구냐고 물었으며, 그녀와 왈츠를 추고 싶어 했다.

그녀는 자신의 아름다움을 마음껏 과시하며 춤을 추었다. 성공의 영광을 얻은 그녀는 여자의 마음에 감미롭기 그지없는 행복감으로 가슴이 벅차올랐다.

그녀는 새벽 4시경에 무도회장에서 나왔다. 그녀의 남편은 다른 세 명의 남자들과 함께 사람들이 드나들지 않는 한 작은 방에 들어가 부인들이 신나게 무도회를 즐기는 동안 자정부터 줄곧 잠만 자고 있었다.

그는 자신이 집에서 챙겨온 수수한 외투를 그녀의 어깨에 둘러 주었다. 그녀의 우아한 무도회 드레스에 비해 너무나도 초라한 옷이었다.

P. 22 그녀는 그 사실을 깨닫고 값비싼 모피로 휘감고 있는 다른 여자들의 눈에 띌세라 황급히 자리를 뜨려 했다. 루아젤이 아내를 붙들었다. "잠깐

기다려요. 밖에 나가면 감기 걸릴 거요. 내가 마차를 불러오겠소."

하지만 그녀는 남편의 말을 무시하고 재빨리 계단을 내려갔다. 부부가 길로 나왔을 때 서 있는 마차가 한 대도 없었기 때문에 그들은 멀찌감치 지나가는 마부들을 소리쳐 불러가며 타고 갈 마차를 찾기 시작했다. 결국 두 사람은 센 강변까지 걸어갔고 거기서 마차를 한 대 찾아서 집으로 돌아왔다. 두 사람은 축 처진 기분으로 아파트 계단을 오르기 시작했다. 그녀에게 모든 것이 끝났다. 남편은 그날 아침 10시까지 문부성에 출근해야 한다는 것을 염두에 두고 있었다.

그녀는 다시 한 번 당당하기 그지없는 자신의 모습을 보기 위해 거울 앞에 서서 걸치고 있던 외투를 벗었다. 그러다 그녀는 갑자기 비명을 내질렀다. 목에 걸었던 목걸이가 보이지 않았던 것이다!

"왜 그러시오?" 이미 옷을 반쯤 벗고 있던 그녀의 남편이 물었다.

그녀는 당황한 얼굴로 남편을 향해 돌아섰다. "그게… 저… 포레스티에 부인의 목걸이가 없어졌어요." 그녀가 외쳤다.

P. 23 기겁한 남편이 몸을 일으켰다. "뭐라고! 어떻게? 그럴 리가 있나!"

두 사람은 그녀의 드레스와 외투 주름 사이, 주머니 속, 그 밖의 모든 곳을 뒤져보았다. 하지만 목걸이는 없었다.

"무도회장을 나올 때는 분명히 걸고 있었소?" 남편이 물었다.

"그럼요. 장관 댁을 나서면서 만져보았는걸요."

"하지만 만약 당신이 그걸 길에 떨어뜨렸다면 떨어지는 소리가 들렸을 것 아니오. 분명히 마차 안에서 떨어뜨렸을 거요."

"맞아요, 그럴 거예요. 마차 번호를 적었어요?"

"아니. 당신은, 당신은 기억하오?"

"아뇨."

둘은 혼비백산한 표정으로 서로를 바라보았다. 결국 루아젤은 옷을 다시 입었다. "내가 걸어서 왔던 길로 끝까지 다시 가보리라. 혹시 길에 떨어져 있는지 보겠소."

남편이 나갔다. 그녀는 무도회 드레스를 그대로 입은 채 의자에 앉아 기다렸다. 넋이 나간 그녀는 잠자리에 들 힘도 없이 불도 때지 않은 방안에 멍하니 앉아 있었다.

그녀의 남편은 아침 7시쯤 돌아왔다. 그는 아무것도 발견하지 못했다. 그 후 그는 경찰서로, 현상금을 걸기 위해 신문사 사무실로, 마차 회사들로, 온갖 곳을 돌아다녔다.

그녀는 새벽녘과 마찬가지로, 하늘이 무너진 듯한 재난 앞에 공포로 실성한 몰골을 하고 온종일 기다렸다.

밤에 루아젤이 퀭하고 창백한 얼굴로 돌아왔다. 그는 아무것도 발견하지 못했다. "당신이 당신 친구에게 편지를 써야겠소. 목걸이 걸쇠가 망가져서 수선을 맡겼다고 말이오. 그러면 무슨 방도를 취할 시간을 벌 수 있을 거요." 일주일이 지났고 그들은 모든 희망을 잃었다. 그동안 5년이나 늙어버린 루아젤은 결심한 듯 이렇게 말했다. "목걸이를 새로 구해다 줄 방법을 찾아봐야겠소."

이튿날 부부는 목걸이가 들어 있던 상자를 들고 상자 안에 이름이 적혀 있는 보석상으로 갔다. 보석상은 자신의 장부를 뒤져보았다.

"부인, 저는 그 목걸이를 판 적이 없는데요. 저는 분명 그 상자만 제공해 드렸을 겁니다."

그러자 부부는 기억을 더듬어가며 잃어버린 목걸이와 똑같은 목걸이를 찾기 위해 이 상점 저 상점 돌아다녔다. 두 사람 모두 슬픔과 근심으로 속이 뒤집히는 듯했다.

그들은 팔레 루아얄 근처에 있는 한 상점에서 자신들이 잃어버린 목걸이와 똑같아 보이는 다이아몬드 목걸이를 발견했다. 목걸이의 가격은 4만 프랑이었다. 주인은 3만 6천 프랑으로 깎아 주겠다고 했다.

루아젤에게 아버지로부터 물려받은 돈 1만 8천 프랑이 있었다. 그는 나머지 돈을 이 친구에게서 천 프랑, 저 친구에게서 5백 프랑, 여기서 5루이, 저기서 3루이 하는 식으로 빌렸다. 그는 어음을 쓰고, 고리로 돈을 빌리고, 기한 내에 갚을 수 있을지 없을지 모르는 상황에서 생명의 위험을 감수하고 계약서에 도장을 찍었다. 그는 3만 6천 프랑을 보석상의 계산대 위에 올려놓았고, 새 목걸이를 샀다.

루아젤 부인이 그 목걸이를 가져다 주었을 때 포레스티에 부인은 냉랭한 태도로 이렇게 말했다. "좀 더 빨리 가져왔어야지. 내가 쓸 일이 생길 수도 있었잖아."

205

포레스티에 부인은 상자를 열어보지도 않았다. 그녀는 친구가 상자를 열어볼까 봐 조마조마했었다. 목걸이가 바뀐 것을 알았다면 친구가 뭐라고 생각했을까? 뭐라고 말했을까?

P. 26 루아젤 부인을 도둑으로 여겼을지도 모르는 일이었다.

그 순간 이후부터 루아젤 부인은 가난한 사람들의 생활이 얼마나 비참한지를 깨달았다. 하지만 그녀는 꿋꿋하게 버텨나갔다. 무시무시한 빚더미에 올라 있었다. 모두 그녀가 갚아야 할 돈이었다. 부부는 하인을 내보냈고, 살던 집을 옮겨 지붕 밑 다락방에 세를 얻었다.

그녀는 집안일과 부엌일이 얼마나 힘들고 고달픈지 알게 되었다. 설거지를 하느라고 그녀의 고상한 손가락과 손톱은 냄비와 팬의 기름때에 거칠어졌다. 그녀는 더러워진 이불과 옷을 빨아서 빨랫줄에 널어 말렸다. 매일 아침 쓰레기를 길에 내놓았으며, 가쁜 숨을 돌리기 위해 층계참마다 쉬어가며 다락방까지 물을 길어 날랐다. 서민 여자와 같은 차림새로 그녀는 바구니를 팔에 끼고 채소가게와 식료품점과 푸줏간에 다녔고 알량한 돈 한 푼을 아끼기 위해 필사적으로 물건 값을 깎았다.

매달 부부는 빚 일부를 갚고, 다른 곳에서 다시 돈을 빌리고, 채무상환일을 연장했다.

그녀의 남편은 퇴근 후에도 일을 했다. 그리고 종종 밤에는 한 장당 5수씩 받는 대서(代書) 일을 했다.

P. 27 부부는 이렇게 10년을 살았다.

10년이 흐른 후 그들은 모든 빚을, 고리(高利)에 붙은 이자까지도 모두 갚았다. 하지만 루아젤 부인은 이제 부쩍 늙어 있었다. 그녀는 가난한 살림살이에 찌든, 억세고 뻔뻔하고 거친 모습의 여인네가 되어버렸던 것이다. 헝클어진 머리에 낡아빠진 옷을 걸치고 손까지 빨갛게 변한 그녀는 자루걸레에 물을 묻혀 바닥을 휙휙 쓸어대며 와자지껄하게 떠들었다. 하지만 그녀는 가끔, 남편이 직장에 가 있는 동안, 창가에 앉아 먼 옛날 그 화려했던 저녁을, 너무나 아름다운 모습의 자신이 귀부인처럼 환호를 받았던 그 무도회를 추억했다.

만약 자신이 목걸이를 잃어버리지 않았다면 어떻게 되었을까? 그걸 누가 알겠는가? 인생이란 참 오묘한 것이다! 참으로 사소한 일 하나로 사람은 흥하기도 또 망하기도 하는 것이다!

그러던 어느 일요일, 일주일간의 노동에서 벗어나 기분전환을 하려고 샹젤리제 거리를 산보하고 있을 때, 문득 그녀의 눈길이 아이 하나를 데리고 산책하는 어느 부인에게 닿았다. 포레스티에 부인이었다. 친구는 여전히 젊고, 아름답고, 매력적인 모습이었다.

P. 28 루아젤 부인은 말을 걸어도 될까 하고 생각했다. 그럼, 말을 걸어도 되고말고. 이제 빚도 다 갚았으니 사실을 모두 말해도 상관없다고 생각했다. 이야기하지 못할 이유가 어디 있겠는가? 그래서 그녀는 친구에게 다가가 말했다. "안녕, 쟌느."

포레스티에 부인은 이 초라한 여인네가 자신의 이름을 친숙하게 부르는 것을 듣고 깜짝 놀랐고, 자신의 친구를 전혀 알아보지 못했다. 그녀가 더듬거리며 말했다. "이런, 아주머니! 저는 누구신지 모르겠는데요. 사람을 착각하셨나 봅니다."

"아니야, 나야, 마틸드 루아젤."

그녀의 친구는 탄성을 내질렀다. "오, 이런 마틸드! 너무 많이 변했구나!"

"그래, 너를 마지막으로 본 이후 그동안 정말 힘들게 살았어. 비참하게 가난했지. 그게 모두 너 때문이었어!"

"나 때문이라고? 어째서?"

"장관이 연 무도회에 차고 가라고 네가 나에게 빌려줬던 그 다이아몬드 목걸이 기억나?"

P. 29 "그럼, 그런데?"

"내가 그걸 잃어버렸거든."

"무슨 소리야? 나에게 돌려줬잖아."

"그것과 똑같이 생긴 것으로 다른 걸 가져다 줬지. 그 목걸이 값을 갚는 데 10년이 걸렸어. 우리 부부에게 쉽지 않은 일이었다는 걸 너도 알겠지. 가진 게 아무것도 없던 우리였으니 말이야. 어쨌든 이제 모두 끝났으니 마음이 정말 후련해."

포레스티에 부인은 이미 걸음을 멈춘 상태였다. "내 목걸이를 대신하려고 다이아몬드 목걸이를 샀다는 말이야?"

"그래. 그때 전혀 눈치채지 못했나 보구나! 두 개가 아주 비슷하긴 했으니까." 이 말을 하며 그녀는 기쁨에 차서 자랑스러우면서도 동시에 순박해 보이는 미소를 지었다.

포레스티에 부인은 몹시 벅찬 얼굴로 친구의 두 손을 붙잡았다. "오, 가엾은 마틸드! 이 일을 어째, 내 목걸이는 가짜였어! 기껏해야 5백 프랑밖에 되지 않는 물건이었다고!"

비곗덩어리

P. 32 몇 명씩 어지럽게 흩어져 이동하는 패잔병 무리들이 며칠째 계속 시내를 가로질러 지나갔다. 군인들의 얼굴엔 수염이 지저분하고 길게 자라 있었고 군복은 찢어져 너덜너덜했다. 그들은 깃발도 지휘관도 없이 느릿느릿 움직였다. 모두 지치고 기진맥진한 모습으로 단지 타성으로 걷고 있을 뿐이었고, 그러다 멈추기라도 하면 그대로 땅에 쓰러졌다. 그렇게 후퇴하는 군인들 중에는 여러 종류의 부대가 한데 섞여 있었다. 무릎까지 오는 붉은색 반바지의 군인들, 칙칙한 군복을 입은 포병들, 소속을 알 수 없는 보병들, 그리고 그 가운데 말을 잃은 기병들의 번쩍거리는 철모도 여기저기 눈에 띄었다.

프로이센군이 곧 루앙으로 진격해 올 것이라는 소문이 돌았다.

민병대가 지난 두 달간 부근 숲 속을 조심스레 정찰하고 있었다. 그들은 가끔씩 자기편 보초를 쏘기도 하고, 토끼가 나무 밑에서 움직이기만 해도 전투태세를 취하기도 했다. 하지만 민병대도 이제 모두 집으로 돌아가고 없었다. 그 후 심연 같은 정적, 소리 없는 공포가 도시를 뒤덮었다.

P. 33 대부분 배에 기름 끼고 겁만 많은 장사치들인 루앙 시민들은 불안한 마음으로 점령군의 입성을 기다렸다. 그들은 부엌칼을 무기로 의심받으면 어쩌나 노심초사하고 있었다.

마치 삶이 정지된 것 같은 분위기였다. 가게들은 문을 닫았고, 길에는 다니는 사람이 없었다. 이따금 정적에 겁을 먹은 주민 하나가 벽을 따라 잰걸음으로 슬쩍슬쩍 움직일 뿐이었다. 이런 끔찍한 불안감에 사람들은 차라리 적군이라도 도착하기를 바라는 심정이었다.

프랑스군이 마지막으로 지나간 다음날, 독일군 기병대 여러 명이 거리를 빠르게 가로질러 갔다. 그리고 얼마 후 독일군이 시커멓게 떼지어 시내로 쏟아져 들어왔다. 여러 대대의 병력이 내는 딱딱하고 정연한 발걸음 소리로 보도가 쩡쩡 울렸다.

알아듣지 못할 거친 외국어로 외치는 구령소리가 쥐 죽은 듯 텅 비어 보이는 집들의 창가에 들려왔다. 닫혀 있는 덧문 뒤에서는 호기심에 찬 눈들이 도시의 새로운 주인들을 엿보고 있었다. 불을 끈 컴컴한 방 안에서 주민들은 공포에 떨었다.

P. 34 그것은 자연재해 상황에서 느껴지는 것과 같은 종류의 공포였는데, 그 안에서는 사람의 능력과 힘이 아무 쓸모가 없어지고, 안전이라는 것도 더 이상 존재하지 않는 법이다. 인간과 자연의 법을 지켜주던 모든 것들이 이제는 이치에 맞지 않는 야만스런 힘에 의해 좌지우지될 것만 같은 느낌이었다.

군인들이 소대 단위로 집집마다 문을 두드렸고 그때마다 집 안으로 들어갔다. 점령군에게 공손해야 한다는 것을 피정복민 모두 잘 알고 있었기 때문이었다.

처음 느낀 공포가 수그러들자 사람들은 다시 차분해졌다. 많은 가정에서 프로이센 장교가 버젓이 가족과 같은 식탁에서 먹었다. 장교 중에는 예절바른 사람도 제법 있어서, 프랑스의 상황을 동정하면서 전쟁에 대한 자신의 반감을 표하기도 했다. 장교를 맞아들인 가족들은 감사를 표하면서 그의 보호를 받으면 언젠가 도움될 일이 있을지 모른다고 여기고 장교에게 깍듯이 대했다. 어쨌거나 그렇게 큰 권력을 쥔 사람의 심기를 건드리는 일은 현명한 일이 아닌 듯했다. 그런 행동은 용감한 것도 아니고 무모한 짓일 것이었다. 뿐만 아니라 프랑스인은 손님에게 친절하다는 국가적 평판도 유지할 필요가 있었다. 루앙 시민들은 프로이센 군인과 친한 모습을 공공연하게 드러내지만 않는다면, 이들을 집 안에서 정중하게 대하는 것은 무방하다고 서로서로 말했다. 그래서 시민과 군인이 집 바깥에서는 서로 아는 척을 하지 않았지만, 집 안에서는 거리낌 없이 대화를 나누었고, 독일인이 시민과 같은 난롯가에서 몸을 녹이며 보내는 저녁시간은 날이 갈수록 점점 길어졌다.

P. 35 도시는 일상적인 모습을 되찾았다. 프랑스인들은 좀처럼 밖에 돌아다니지 않았지만, 길은 프로이센 군인들로 넘쳐났다. 그리고 공기 중에는 무언지 낯설고 미묘한 기운이 감돌고 있었다. 냄새처럼 스며드는 견딜 수 없이 이질적인 분위기였는데, 그것은 침략의 냄새였다. 그 냄새는 주거지역이나 공공장소를 불문하고 침투했으며 심지어 음식의 맛까지 바꾸어 놓았다.

점령군은 돈을, 그것도 많은 돈을 요구했다. 주민들은 돈이 많은 사람들이었기 때문에 그들이 요구하는 대로 주었다. 하지만 돈이 많은 사람일수록, 자신이 가진 것을 잃는다는 건 뼈아픈 법이다.

시내에서 벗어나 비에사르 방향으로 흐르는 강을 따라가다 보면 사공들이나 어부들이 독일인 시체를 물 위로 건져 올리는 일이 종종 있었다. 칼에 찔리거나 둔기로 맞아 죽은 그런 시체들은 군복을 입은 채 물에 퉁퉁 불어 있었다.

P. 36 많은 경우 강물 바닥의 진흙이 이런 비밀스런 복수 행위를 삼켜버렸다. 이것들은 아무 기록에도 남지 않는 용감한 행동이었고, 소리 없긴 하나 대낮에 치르는 전투보다도 더 위험한 공격이었다. 사상이라면 무턱대고 목숨을 거는 일부 용감한 사람들에게 있어서 외국인에 대한 증오는 항상 막강한 무기가 되기 마련이다.

점령군이 매우 엄격하기는 했지만 별다른 잔학행위는 하지 않았다. 그래서 사람들은 점점 더 대담해졌고, 상인들은 다시 돈벌이 궁리를 하기 시작했다. 이들 중에는 아직 프랑스군의 수중에 있는 르 아브르에 중요한 이권(利權)을 두고 있는 사람들도 있었다. 이들은 디에프까지 육로로 가서 거기서 배편으로 르 아브르 항구로 들어갈 생각을 하고 있었다.

이들은 친분을 터놓은 독일인 장교들의 힘을 빌어 총사령관으로부터 도시 밖으로 나갈 수 있는 여행허가증을 얻었다. 열 명의 사람들이 커다란 합승용 사두마차를 한 대 세내어 함께 여정에 오르게 되었다. 승객들은 사람들이 몰려드는 것을 피하기 위해 어느 화요일 새벽 동트기 전에 출발하기로 결정했다.

새벽 4시 반에 여행객들은 노르망디 호텔의 안마당에 모였다. 그곳에서 마차를 타기로 되어 있었던 것이다.

P. 37 눈이 내리고 있었다. 그들은 아직 잠이 덜 깬 상태에서 외투로 몸을 휘감고 추위에 벌벌 떨고 있었다. 아직 날이 컴컴한 데다가 각자 무거운 겨울 옷을 산더미처럼 껴입고 있었기 때문에 누가 누군지 자세히 보이지 않았다. 그런데 이 와중에 두 남자가 서로를 알아보았고 다른 남자 한 명도 다가와서 세 사람이 이야기를 나누기 시작했다. "저는 집사람과 함께 왔습니다." 그 중 한 사람이 말했다. 다른 남자가 "저도 그렇습니다."라고 말했고 나머지 한 사람도 "저도요."라고 했다. 처음 말을 꺼냈던 사람이 다시 입을 열었다. "우리 부부는 루앙으로 돌아오지 않을 겁니다. 프로이센 군대가 르 아브르까지 진격해온다면 우리는 잉글랜드로 건너갈 겁니다." 다른 두 남자도 모두 같은 계획을 세워놓고 있었다.

아직 말들은 마차에 매어 있지 않았다. 흰 눈송이들이 마치 두꺼운 커튼을 둘러치듯 끊임없이 펑펑 내려서 모든 형상을 지워버렸다. 희미하게 사각거리며 내리는 눈 소리를 제외하면 고요한 한겨울의 도시는 쥐 죽은 듯 조용했다. 그것은 소리라기 보다는 느낌에 가까웠는데 공간을 가득 채우고, 온 세상을 뒤덮는 듯했다.

P. 38 등불을 든 한 남자가 말들을 끌고 나타났다. 그는 눈으로 하얗게 덮여 꼼짝도 않고 있는 한 무리의 여행자들을 쳐다보더니 이렇게 말했다. "마차 안에 들어가시지 그래요? 눈을 피하실 수 있을 텐데요."

사람들은 미처 그 생각은 못하고 있었던 듯했고, 당장 그 남자의 말에 따랐다. 아까의 세 남자도 각자 자신의 아내를 마차 가장 안쪽에 앉힌 다음 본인들도 자리를 잡았다. 마지막으로 온몸이 눈으로 뒤덮여 희끄무레하게 보이는 다른 형체들도 말 한 마디 없이 남은 자리에 앉았다. 마차 바닥에는 짚이 깔려 있어서 사람들의 발이 푹 파묻혔다. 안쪽에 앉은 세 여자는 작은 구리 발 보온기를 가져왔고 거기에 불을 붙였다.

드디어 말들이 모두 마차에 묶였다. 바깥에서 묻는 소리가 들렸다. "모두 타셨나요?" 마차 안의 누군가가 대답했다. "그렇습니다." 그리고 마차는 출발했다.

마차는 달팽이처럼 엉금엉금 움직였다. 바퀴가 자꾸 눈 속에 파묻혔고, 그때마다 마차 전체가 삐걱거리며 부서지는 듯한 소리를 냈다. 말들은 미끄러지고 숨을 헐떡이며 콧김을 내뿜었다. 마부의 긴 채찍이 쉴새 없이 획

211

획 울렸다.

눈이 멈췄다. 무거운 먹구름 사이로 비추는 흐릿한 빛 때문에 눈으로 덮인 들판이 대조적으로 더욱 눈부시게 빛났다.

P. 39 천지는 온통 백색이었고, 서리를 맞아 반짝이며 줄지어 선 키 큰 나무들, 또는 눈을 덮어쓴 초가집 지붕이 가끔 나타날 뿐이었다.

마차 안의 승객들은 흐릿한 여명 속에 호기심 어린 시선으로 서로를 쳐다보았다.

맨 안쪽의 제일 좋은 자리에는 그랑 퐁 가(街)에서 포도주 도매상을 하는 루아조 부부가 서로 마주 앉아 졸고 있었다. 가게 점원으로 시작한 루아조는 주인의 가게를 사서 큰돈을 벌었다. 그는 시골의 소매상들에게 질이 형편없는 포도주를 헐값에 팔았는데, 거래를 하면서 사기를 잘 치기로 유명했다. 또한 입담이 좋고 술책에 능해서 약삭빠르기로도 소문이 자자했다. 그의 이름이 거론되기만 하면 누구나 당장 "참 찾아보기 어렵지, 루아조 같은 사람은 말이야." 라고 하면서 토를 달았다. 루아조는 키가 작고 뚱뚱한데다 붉은 얼굴에 희끗희끗한 구레나룻을 기르고 있었다.

그의 아내는 키 크고 건장한 체격에 목소리가 우렁차고 거동에 결단력이 묻어나는 여자였다.

P. 40 자신의 남편이 유쾌한 행동으로 장사 분위기를 띄운다면, 그녀는 주문과 셈에 빨랐다.

이들 부부의 옆에는 행동거지에서 위엄이 보이고 그들보다 상류계급에 속하는 카레 라마동 씨가 앉아 있었다. 그는 유력한 지위에 있는 사람이었다. 그는 면직매매업계의 왕 같은 존재로, 방적공장을 세 개나 소유하고 있었고 레지옹도뇌르 훈장을 받은 바 있으며, 도의회 의원이기도 했다.

카레 라마동 부인은 남편보다 훨씬 젊었다. 아름답고 늘씬하고 우아한 그녀는 남편 맞은편에 앉아 모피로 휘감은 몸을 잔뜩 웅크리고는 초라한 마차 내부를 한탄스런 눈길로 바라보고 있었다.

카레 라마동 부인 곁에 앉은 사람들은 위베르 드 브레비유 백작 부부였는데, 백작가문은 노르망디에서 가장 명망 있고 가장 오래된 가문 중 하나였다. 귀족적인 풍채의 나이 지긋한 드 브레비유 백작은 그렇지 않아도 앙리 4세와 외모가 비슷했는데, 이를 더욱 강조하려고 옷까지 똑같이 입고 다녔다. 드 브레비유 가문의 재산은 모두 부동산인데, 거기서 나오는 연 수입이 50만 리브르에 이른다는 소문이었다.

　백작이 가난한 선주(船主)의 딸과 결혼한 내막은 항상 알다가도 모를 일로 남아 있었다.

P. 41 그렇지만 백작부인은 예의범절에 뛰어났고, 손님접대에도 한치의 실수가 없기로 유명했다. 그녀의 응접실은 그 지방 전체를 통틀어 가장 세련된 장소로 통했다. 아무나 근접할 수 없는 장소이기도 했다.

　이렇게 마차 가장 안쪽을 차지하고 있는 여섯 사람은 재력을 겸비한 상류사회를 대변하고 있었다. 즉, 신앙과 신념을 두루 갖춘 강하고 안정적인 훌륭한 사람들이었다.

　백작부인 옆에는 두 명의 수녀가 앉아 있었다. 수녀들은 내내 긴 묵주를 만지작거리며 기도문을 중얼거리고 있었다. 수녀 중 한 사람은 노인이었는데, 마치 얼굴 정면으로 총알 세례를 받은 것처럼 천연두를 앓아 생긴 곰보 자국이 깊이 패어 있었다. 다른 수녀는 매우 허약해 보이는 모습이었는데, 예쁘긴 하지만 병들어 시든 얼굴과 좁은 가슴팍을 하고 있었다.

　모든 사람의 이목은 이 두 수녀와 마주보고 앉은 한 쌍의 남녀에 집중되어 있었다.

　남자는 누구나 다 아는 인물인 바로 그 민주주의자 코르뉘데였는데, 사회 지도층 인사들 사이에서 공포의 대상이었다.

P. 42 지난 20년간 그의 긴 붉은 색 수염은 민주주의자들이 드나드는 모든 술집들과 떼려야 뗄 수 없는 관계에 있었다. 그는 동지라는 사람들과 함께 어울려다니며, 제과업자였던 자신의 아버지로부터 물려받은 막대한 재산을 모두 탕진했다. 그는 이제 공화국의 도래를 애타게 기다렸는데 그렇게 되면 드디어 그간 자신이 이룬 혁명적인 업적에 합당한 공직을 받을 수 있을 거라고 생각하기 때문이었다. 그는 남을 돕는 일이라면 열성적으로 나섰기 때문에 여러 면에서 호인으로 통했다. 그는 루앙의 조직화된 방위체제를 구축하는데 헌신하기도 했다. 시골 들판에 구덩이를 파게 하고, 도로 위마다 함정을 설치하게 했던 것이다. 그러다 적군이 진격해오자 자신이 이룬 대비체제에 완전히 만족한 그는 서둘러 도시 안으로 도망갔다. 그는 이제는 자신이 루앙에 있는 것보다 르 아브르로 가는 것이 더 유익한 일

이 될 거라고 믿고 있었다. 르 아브르에도 머지 않아 새로운 참호가 필요해 질 것이기 때문이었다.

그 옆의 여자는 고급매춘부였는데, 나이에 비해 매우 통통해서 '비곗덩어리'란 별명을 가지고 있었다. 그녀는 키가 작고 동글동글한 체격에, 돼지처럼 살이 올라 있었고, 뚱뚱한 손가락들은 마치 줄줄이 달린 짤막한 소시지 같았다. 하지만 윤기 있고 매끈한 피부와 드레스 윗부분을 가득 채우는 거대한 가슴이 매력적이었고, 그녀의 생기 있고 발랄한 모습 덕분에 부자 고객들로부터 큰 인기를 얻고 있었다.

P. 43 그녀의 얼굴은 빨간 사과나 막 꽃망울을 터뜨리는 꽃처럼 보였다. 두 눈은 커다랗고 검었고, 숱이 많아 무거운 속눈썹은 눈 속에 깊이 그림자를 드리웠다. 또한 작고 도톰한 입술은 누구라도 키스하고 싶게 만들었다.

이 여자가 누구라는 것을 알게 되자마자 마차 안의 지체 높은 여자들은 서로 수군대기 시작했고, '닳고닳은 여자'니, '공공의 수치'니 하며 내뱉는 말들이 제법 크게 들려 비곗덩어리가 고개를 들었다. 그녀가 덤벼볼 테면 덤벼보라는 식의 대담한 시선으로 좌중을 훑어보는 바람에 마차 안의 사람들은 갑자기 잠잠해졌고 루아조를 제외한 모든 사람들이 눈을 내리깔았다. 루아조는 흥미로운 눈길로 그녀를 살폈다.

하지만 곧 세 명의 부인들 사이에 다시 대화가 이어졌다. 이 매춘부의 존재는 순식간에 부인들을 단결시켰다. 그들은 이 음란한 여자 앞에서 아내로서의 위엄을 수호하겠노라고 다짐했다.

그들의 세 남편들도 보수주의자들의 본능으로 똘똘 뭉쳤다.

P. 44 코르뉘데의 존재로 인해 그들의 본능이 눈을 떴던 것이다. 그들은 서민층을 무시하는 말투로 돈 이야기를 꺼냈다. 위베르 백작은 프로이센군 때문에 입게 된 손해에 대해 이야기하면서 도난 당한 가축과 망쳐진 수확물을 언급했다. 그가 어찌나 여유만만한 태도로 이런 말을 하던지, 마치 그보다 열 배나 더 부유한 대지주가 말하는 것처럼 들릴 정도였다. 그 정도 손실은 문제도 되지 않는다는 투였다. 면직사업에서 산전수전 다 겪은 카레 라마동 씨는 훗날을 위한 대비책 삼아 따로 60만 프랑을 잉글랜드에 송금해 놓았다고 했다. 루아조로 말할 것 같으면, 자신의 창고에 남아 있던 포도주를 모두 프랑스군 병참부에 넘겼고, 이 때문에 정부가 자신에게 상

당한 돈을 지불해야 하는데, 그 돈을 르 아브르에서 받게 될 것으로 희망한다고 했다.

세 남자는 서로를 우정어린 시선으로 바라보았다. 서로의 사회적 신분은 달랐지만 그들 사이에는 돈을 매개로 한 동지애가 형성되었다.

마차가 너무 느리게 가는 통에 아침 10시가 되었건만 16킬로미터도 채 가지 못했다. 남자들은 세 차례나 마차에서 내려서 언덕길을 걸어 올라갔다. 승객들은 불안해하기 시작했다. 점심은 토트에서 먹게 될 줄로 믿었는데 지금 같아서는 날이 저물기 전에 그곳에 도착할 가능성도 없어 보였기 때문이었다.

P. 45 모두들 고개를 내밀고 길가에 주막이라도 있나 열심히 찾았다. 그때 갑자기 마차가 눈더미에 박혀 끌어내는데 두 시간이나 걸렸다.

시장기가 강해짐에 따라 다들 풀이 죽었다. 주막도, 술집도 발견할 수가 없었다. 프로이센군이 다가오고 굶주린 프랑스군이 후퇴하고 있었기 때문에 사람들이 겁을 먹고 장사를 포기한 것이었다. 남자들이 길가 농장들로 먹을 것을 찾아보러 갔지만, 약탈당할까 봐 겁이 난 농부들이 식량을 숨겨놓았기 때문에 심지어 딱딱한 빵 한 조각도 눈에 띄지 않았다.

오후 1시쯤 루아조가 배가 고파 죽을 지경이라고 대놓고 말했다. 나머지 사람들도 오래 전부터 사정은 마찬가지였고 시장기가 심해져 대화마저 모두 끊겼다. 사람들의 얼굴은 모두 창백하게 굳어 있었다. 루아조는 햄 한 조각에 천 프랑이라도 내겠다고 했다.

P. 46 그의 아내가 허튼소리 말라는 듯한 탄성을 내질렀다. 그녀는 돈 낭비 이야기만 들어도 진저리를 치는 여자였기 때문에 돈과 관련된 농담도 이해하지 못했다.

백작이 말을 꺼냈다. "사실 말이지 기분이 안 좋군. 음식을 챙겨올 생각을 왜 못했을까?"

하지만 럼주 한 병을 챙겨왔던 코르뉘데가 사람들에게 술을 권했다. 루아조만 빼고 모두들 차갑게 거절했다. 루아조는 한 모금 들이키고 고맙다는 말과 함께 병을 돌려주면서 이렇게 말했다. "술은 좋은 거지요. 몸을 덥혀주고 시장기를 잊게 해주니까요." 술기운으로 기분이 좋아진 그는 노래에 나오는 해병들처럼 해보자는 제의를 했다. 여행객 중에 가장 살진 사람을 잡아먹자는 것이었다. 비곗덩어리에 대한 이런 간접적인 암시가 승객 중 지체 높은 몇몇에게 충격을 주었다. 아무도 뭐라 대답이 없었고 코르뉘데만이 미소를 지었다. 두 수녀는 중얼거리며 묵주기도 하던 것을 멈추고 눈을 아래로 떨군 채 꼼짝 않고 앉아만 있었다.

오후 3시가 되었고, 마을 하나 눈에 띄지 않는, 끝날성싶지 않은 허허벌판 한가운데를 지날 때, 비곗덩어리가 몸을 굽혀 의자 밑에서 하얀 냅킨으로 덮어놓은 커다란 바구니 하나를 끄집어 냈다.

P. 47 그녀는 바구니에서 가장 먼저 접시 하나와 은으로 만든 물잔 하나를 꺼냈다. 그런 다음, 마디마다 칼집을 내어 젤리에 재운 통닭 두 마리가 담긴 커다란 그릇을 꺼냈다. 바구니 안에는 그 외에도 맛있는 것들이 많아 보였다. 파이, 과일, 케이크 등, 사흘 동안 여행하는 데 충분해 보이는 양의 음식이었다. 병 주둥이 네 개가 음식들 사이를 비집고 삐죽 나와 있었다. 그녀는 닭 날개 하나를 들고 우아하게 먹기 시작했다.

모든 시선이 그녀에게 향했다. 음식 냄새가 마차 안에 가득 퍼져, 사람들은 콧구멍을 벌름거렸고, 입에서 군침을 흘렸으며, 턱을 아플 만큼 악물었다. 이 천한 여자에 대한 귀부인들의 경멸감은 점점 더 거세게 타올라, 그녀를 죽여버리거나, 그녀와 그녀의 물잔, 그리고 그녀의 바구니를 마차 밖 눈 속으로 던져버리고 싶을 정도였다.

루아조는 닭이 담긴 그릇을 게걸스런 눈으로 뚫어져라 보더니 이렇게 말했다. "아, 네, 이 부인께서는 우리들보다 선견지명이 있으시군요. 모든 걸 염두에 두는 사람이 있기 마련이죠."

그녀가 고개를 들어 그를 쳐다보았다. "좀 드시겠어요, 선생님?
P. 48 하루 종일 배를 곯는 건 할 짓이 못 되죠."

그가 고개 숙여 인사했다. "솔직히 말해서, 사양할 수가 없네요. 한시도 더 참을 수가 없어요. 전쟁 중에 무언들 못하겠습니까? 안 그렇습니까, 부인?" 그러더니 그는 좌중을 한 번 훑어보며 이렇게 덧붙였다. "사정이 지금 같을 때 도움이 되는 분들을 만난다는 건 아주 신나는 일이죠."

그는 자신의 무릎 위에 신문지를 펴더니, 항상 가지고 다니는 주머니칼을 꺼내 닭다리 하나를 들어올려 게걸스럽게 먹기 시작했다.

이어서 비곗덩어리는 부드럽고 겸손한 말투로 수녀들에게도 먹으라고 권했다. 두 수녀 모두 얼른 그 제의를 받아들였고, 나직하게 몇 마디 고맙다는 말을 한 다음 눈 한번 들지 않고 허겁지겁 먹어대기 시작했다. 코르뉘데도 옆에 앉은 비곗덩어리의 권유에 따랐다. 수녀들을 포함해서 이들 네 사람은 서로 무릎을 맞대고 그 위에 신문지를 넓게 펼쳐 일종의 식탁을 만들었다.

그들은 엄청나게 먹었다. 루아조는 자신의 아내에게도 나지막이 자신처럼 동참하라고 했다. 루아조의 아내는 싫다고 한참을 버티다가 결국 배고픔에 못 이겨 무너지고 말았다. 그녀의 남편은 짐짓 예의 바른 척하며 그들의 '매력적인 동행인'을 향해, 자신이 루아조 부인에게 작은 것으로 한 조각 권해도 되겠느냐고 물었다.

P. 49 "그럼요, 되고말고요, 선생님." 그녀가 상냥한 미소로 대답하며 닭고기 그릇을 내밀었다.

적포도주 병을 처음 열었을 때 컵이 하나밖에 없었던 관계로 좀 난처해졌다. 결국 그들은 컵을 닦아서 다음 사람에게 넘겼다. 코르뉘데만 기사도를 발휘한답시고, 컵 가장자리 중에서도 자신의 어여쁜 짝의 입술이 닿아서 축축한 부분을 일부러 골라 자신의 입술에 가져다 댔다.

드 브레비유 백작 부처와 카레 라마동 부부는 먹고 마시는 사람들에 둘러싸여 음식 냄새로 숨이 막혀 죽을 지경이었다. 그러다 방적공장 사장의 젊은 아내가 별안간 한숨을 내쉬는 바람에 모두들 고개를 돌려 그녀 쪽을 보았다. 그녀의 안색은 백지장 같았다. 그녀의 눈이 감기더니 고개가 앞으로 푹 숙여졌다. 기절을 한 것이었다. 여자의 남편이 깜짝 놀라 사람들에게 도와달라고 사정했다. 모두 어쩔 줄 모르고 있다가 이윽고 수녀들 중 나이 많은 수녀가 환자의 고개를 들고 비곗덩어리의 술잔을 그녀의 입술로 가져가 포도주를 몇 모금 마시도록 했다.

P. 50 어여쁜 병자는 몸을 움찔하더니 눈을 뜨고 미소 지으면서 기어들어가는 목소리로 이제 괜찮다고 말했다. 하지만 늙은 수녀는 포도주 한 컵을 다 마시라고 하면서 이렇게 말했다. "시장기 때문에 그래요. 그게 부인의 문제예요."

그러자 비곗덩어리는 얼굴을 붉히고 난처해하면서, 아무것도 먹지 않고 있던 네 명의 승객을 향해 말했다. "어쩌나, 신사분들과 부인들께도 제가 권해드려도 될지…"

그녀는 퇴짜 맞을까 봐 말을 하다 말고 입을 다물었다. 하지만 루아조가 말을 받았다. "그런 걱정은 안 해도 돼요. 이런 상황에서는 우리 모두가 형제자매나 다름없습니다. 서로 도와야지요. 자, 자, 숙녀분들, 어서요! 오늘 밤 묵어갈 집 한 채 못 찾게 될지도 몰라요. 이런 속도로 가다가는 내일 한 낮이 되어도 토트에 도착하지 못할 겁니다."

네 사람은 망설이면서 아무도 대담하게 먼저 나서는 사람이 없었다. 하지만 백작이 문제를 해결했다. 그는 난처해하는 비곗덩어리 쪽으로 몸을 돌리더니 자신이 할 수 있는 한 가장 위엄 있는 태도로 말했다. "감사히 받아들이겠소, 부인."

매사가 다 그렇듯이 첫걸음을 떼니 일사천리였다. 네 사람은 허겁지겁 먹기 시작했다. 음식 주인에게 말을 걸지 않으면서 그녀의 식량을 먹을 수는 없었기에 그들도 말을 하기 시작했다. 처음에는 말이 다소 뻣뻣하게 나왔지만, 비곗덩어리가 싹싹하게 굴자 나중에는 스스럼없이 대하기 시작했다. **P. 51** 처세에 능한 드 브레비유 백작부인과 카레 라마동 부인은 상냥하고도 약삭빠르게 굴었다. 반면에 건장한 루아조 부인은 말은 아끼고 대신 음식을 많이 먹었다.

대화는 자연스럽게 전쟁 이야기로 흘렀다. 프로이센군의 잔학행위가 거론되었고, 프랑스군의 용감한 행동들도 화제에 올랐다. 모두 피난민 신세인 이들은 자국민이 보인 용기를 목소리 높여 찬양했다. 직접 겪었던 이야기들도 뒤를 이었다. 비곗덩어리는 솔직한 기분을 드러내며, 그리고 자신이 속한 계층의 여자들이 흔히 쓰는 생생한 표현을 사용해가며 자신이 루앙을 떠난 이유를 설명했다.

"처음엔 그냥 남아 있어도 되지 않을까 하고 생각했어요. 집에는 먹을 것도 그득그득하겠다, 생판 모르는 곳으로 도망가느니, 군인 몇 명 먹이며 참고 사는 게 더 낫지 않을까 했어요. 하지만 그 프로이센 놈들을 보니 도저히 그럴 수가 없더군요!

P. 52 화가 나서 피가 부글부글 끓었어요. 치욕스러워서 온종일 울었죠. 오, 제가 남자였다면 그놈들을 그냥! 창 밖으로 그놈들을 내다봤어요. 뾰족한 철모를 쓴 그 돼지 같은 놈들을요! 제 하녀가 제 손을 붙잡지 않았더라면

그놈들 머리 위로 살림살이를 집어던졌을 거예요. 그런데 놈들 중 몇 명이 우리 집을 자기들 숙소로 삼겠다는 게 아니겠어요? 전 맨 먼저 들어서는 놈의 목을 조르려고 했죠. 그놈들이라고 해서 다른 인간들 목 조르는 것보다 더 어려울 게 있겠냐고요! 누군가 제 머리채를 잡고 저를 그놈에게서 떼어 놓지 않았다면 전 정말 그놈을 죽여버리고 말았을 거예요. 그 일이 있고 나서는 숨어야 했지요. 기회를 노리다가 이때다 하고 숨어 있던 곳에서 도망쳤어요. 그렇게 해서 여기 이렇게 있게 된 거지요."

사람들은 그녀를 열렬히 치하해 주었다. 그녀처럼 용감한 행동을 한 적이 없었던 동행자들의 눈에 그녀의 위상이 높아졌다. 코르뉘데는 마치 하느님을 찬양하는 신자의 이야기를 듣는 신부처럼, 대견스러워하는 호의적인 미소를 머금고 그녀의 이야기를 경청했다. 수염을 길게 기른 그와 같은 부류의 민주주의자들은 마치 사제들이 종교를 독점하듯이 애국심이라면 자신들밖에 없다고 생각하는 법이다. 그녀의 말이 끝나자 그는 독단적인 자신감을 보이며, 날이면 날마다 시내 벽에 나붙는 선전문구와 같은 말투로, 나폴레옹 3세를 열을 내며 비난하는 웅변을 했다.

P. 53 하지만 열성 나폴레옹주의자인 비곗덩어리는 화를 냈다. 그녀는 얼굴이 버찌처럼 빨개져서 분노에 떨며 말했다. "당신이 그분 자리에 있으면 어떻게 될지 보고 싶군요. 당신과 당신 부류들 말이에요! 완전히 난장판이 되겠죠. 오, 그렇고말고요! 당신들 같은 불량배들이 나라를 통치한다면 프랑스는 도저히 살 수 없는 곳이 되고 말 거라고요!"

그녀의 격분에도 코르뉘데는 태연했다. 그는 여전히 얼굴에 잘난척하는 미소를 띠고 있었는데, 이때 백작이 끼어들어서 진지한 의견은 어떤 것이나 존중되어야 한다는 말로 화가 나 펄펄 뛰는 비곗덩어리를 진정시키는데 성공했다. 하지만 백작부인과 방적공장 사장의 아내는 상류계급이라면 누구나 그렇듯이 공화정에 대해 증오심을 가지고 있었고, 이 때문에, 본인들과 너무나 비슷한 견해를 가지고 있는 이 위엄 있는 젊은 여인과 부지불식간에 같은 편이 되었다.

바구니의 음식은 동이 났다. 열 명의 승객들은 바구니를 채웠던 음식을 게눈 감추듯 먹어치우고는 바구니가 더 크지 않았던 것을 아쉬워했다. 음식을 다 먹고 나니 대화도 끊겼다.

P. 54 해가 지자 어둠은 점점 더 짙어졌고, 비곗덩어리는 자신의 풍만한 몸집에도 불구하고 추위에 떨었다. 그러자 드 브레비유 백작부인이 자신의 발 보온기를 권했다. 비곗덩어리는 발이 얼어붙는 듯했기 때문에 즉시 그 제안을 받아들였다. 카레 라마동 부인과 루아조 부인은 자신들의 발 보온기를 두 수녀에게 건넸다.

마부가 마차의 등을 밝혔다. 땀에 젖은 말들의 옆구리 위로 구름처럼 피어 오르는 수증기가 그 불빛을 받아 어슴푸레 빛났지만, 마차 안은 캄캄했다. 비곗덩어리와 코르뉴데가 앉아 있는 구석에서 갑작스런 움직임이 있었다. 어둠 속을 응시하고 있던 루아조의 눈에, 수염 기른 덩치 좋은 민주주의자가 어둠 속에서 마치 누군가에게 소리 없이 그러나 정통으로 얻어맞은 것처럼 몸을 옆으로 홱 비트는 것이 얼핏 보이는 듯했다.

마차 앞쪽에서 작은 불빛들이 깜박였다. 토트에 도착한 것이었다. 마차가 13시간을 길 위에서 보낸 후였다. 일행을 태운 마차는 마을로 들어가 오텔 뒤 코메르스라는 이름의 여관 앞에 멈춰 섰다. 마차 문이 열렸을 때, 귀에 익은 소음에 마차 안의 여행자들은 펄쩍 뛸 듯이 놀랐다. 그것은 긴 칼집이 보도에 부딪혀 쟁그랑거리는 소리였다. 곧이어 독일어로 무어라고 외치는 소리가 들렸다.

마차는 이미 멈춰 섰지만 아무도 내리지 않았다. 자리를 뜨는 순간 학살당할 것이라는 두려움에 사로잡힌 모습이었다.

P. 55 마부가 한 손에 등불 중 하나를 들고 나타났다. 그 불빛은 마차 내부를 갑자기 환하게 비췄고, 두 줄로 앉은 혼비백산한 얼굴들이 드러났다. 놀라움과 공포로 입이 딱 벌어지고 눈은 휘둥그레진 얼굴들이었다.

독일인 장교 한 명이 마부 옆에 서서 환한 불빛을 받고 있었다. 금발머리에 키 크고 마른 체격의 젊은이였다. 장교는 납작하고 번쩍거리는 군모를 머리 한 쪽으로 비스듬히 기울여 쓰고 있었다. 장교는 콧수염을 길고 곧게 기르고 있었는데, 양 입가를 내리누르는 듯한 그 뾰족한 금색 수염 끝 때문에 입술까지 처져 보였다.

장교는 프랑스어로 여행객들에게 마차에서 내릴 것을 요구했다. 딱딱한 말투였다. "신사숙녀 여러분, 내리시죠."

두 수녀가 가장 먼저 명령에 따랐다. 다음에는 백작 부부가 내렸고, 방적공장 사장과 그의 아내가 그 뒤를 이었다. 그 다음에는 루아조가 자신보다 더 키 크고 인물 좋은 아내를 자신의 앞으로 밀면서 마차 밖으로 나왔다.

P. 56 그는 땅에 발을 대면서 반사적으로 "안녕하십니까, 장교님."하고 말했다. 예의를 갖추기 위해서라기보다는 타고난 용의주도함에 기인한 것이었다. 독일인은 권력을 가진 인간이 다 그렇듯이 무례한 태도로 대꾸도 없이 그를 쳐다보기만 했다.

비곗덩어리와 코르뉘데가 마지막으로 적군 앞에서 위엄과 품위를 갖추며 마차에서 내렸다. 매춘부는 감정을 억누르면서 침착을 유지하려 애썼고, 민주주의자는 자신의 긴 붉은 수염을 가늘게 떨리는 손으로 쓰다듬었다. 비곗덩어리는 정숙한 부인들보다도 더 당당해 보였고, 한편 코르뉘데는 모범을 보여야 한다는 의무감으로, 루앙 주변 도로에 지뢰를 묻던 시절부터 시작된 저항의 태도를 유지했다.

일행은 널찍한 여관식당으로 들어갔고, 독일인 장교는 여행자 각각에게 이름과 인상착의, 그리고 직업이 기재된, 총사령관이 서명한 여행허가증을 제시해달라고 요구했다. 그는 기재사항과 실제 생김새를 대조해가며 일행 모두를 면밀히 조사했다. 그런 후에야 퉁명스럽게 "됐소."라고 말하고 사라졌다.

사람들은 비로소 편안히 숨을 쉴 수 있었다. 모두들 여전히 배가 고팠으므로 저녁을 주문했다. 음식을 기다리는 동안 여행자들은 각자 잘 방을 보러 갔다.

P. 58 방들은 모두 긴 복도를 따라 줄지어 있었다.

그들이 식사를 하려고 자리를 잡고 앉으려는데 여관주인이 나타났다. 그는 전에 말 장사를 했는데, 뚱뚱한 체격에 천식을 앓고 있었기 때문에 항상 숨을 씨근덕거리고 기침을 하고 가래가 끓는 듯 목청을 가다듬었다. 여관 주인의 이름은 폴랑비였다.

그가 물었다. "엘리자베트 루세 양이 누구시죠?"

비곗덩어리가 흠칫 놀라며 뒤를 돌아보았다. "전데요."

"프로이센 장교께서 급히 아가씨에게 하실 말씀이 있답니다."

"나한테요?"

"네, 아가씨가 엘리자베트 루세 양이 맞는다면요."

그녀는 망설이며 잠시 생각하더니 당당한 목소리로 말했다. "내가 맞긴 하지만 난 가지 않겠어요."

모두 왜 그런 명령이 떨어진 건지 궁금해했다. 백작이 그녀에게 다가가 말했다. "잘못하시는 겁니다, 부인. 당신이 말을 듣지 않으면 당신에게뿐만 아니라 우리 모두에게 곤란한 일이 생길 수 있어요. 권력을 가진 사람들에게 반항해봤자 좋을 것 없어요. 절차상 뭔가 대수롭지 않은 것을 놓친 걸 겁니다."

모두 백작의 말에 맞장구 쳤다. 사람들은 비곗덩어리에게 사정하고, 재촉하고, 설교를 늘어놓았고, 결국 그녀를 설득시키고야 말았다. 모두들 그녀의 무분별한 행동 때문에 공연한 문제가 생길까 봐 걱정했다.

P. 59 마침내 그녀가 말했다. "저는 여러분을 위해서 가는 거예요. 잊지 마세요!"

백작부인이 그녀의 손을 잡고 말했다. "우리 모두 당신에게 감사하고 있어요."

그녀가 방을 나갔다. 모두들 식사를 시작하지 않고 그녀가 돌아오기를 기다렸다. 저마다 그 충동적이고 성질 급한 매춘부 대신 자신이 불려가지 않은 것을 애석해하면서, 만약 자신도 불려가게 되면 무슨 말을 할지 속으로 연습하고 있었다. 10분이 지나자 그녀가 씩씩거리며 화가 나 새빨개진 얼굴로 돌아왔다. 그녀는 더듬거리며 이렇게 외쳤다. "오, 깡패 같은 놈! 깡패 같은 놈!"

모두 무슨 일이 있었는지 몹시 알고 싶어했지만 그녀는 말하려 하지 않았다. 백작이 밀어붙이자 그녀는 매우 위엄 있는 말투로 그의 말을 일축해버렸다. "싫어요. 여러분과는 아무 상관 없는 일이에요. 그리고 입 밖에 낼 수도 없어요."

이런 예상치 못한 일이 있었음에도 불구하고 그들은 즐겁게 저녁을 먹었다. 사과주의 맛이 괜찮았기에 루아조 부부와 수녀들은 돈도 아낄 겸 사과주를 마셨다.

P. 60 다른 사람들은 포도주를 주문했고 코르뉴데는 맥주를 달라고 했다. 그는 맥주를 지그시 바라보며 병에서 따른 다음, 맥주 빛깔을 감상하기 좋도록 컵이 등잔 불빛과 자신의 눈 사이에 오도록 들었다. 그가 술을 마실

때, 애호하는 술과 색깔을 맞춘 듯한 그의 기다란 수염이 애정에 사무쳐 전율하는 것 같았다. 그는 마치 천국에 온 듯 행복해 보였다. 자신이 살면서 가장 열정을 보이는 두 가지, 즉 맥주와 혁명을 마음속에서 하나로 결합시킨 듯한 모습이었다. 하나를 꿈꾸지 않고서는 다른 하나의 맛을 제대로 알 수 없다는 태도였다.

여관주인인 폴랑비 부부가 식탁 끝에서 식사하고 있었다. 망가진 기관차처럼 숨을 씨근덕거리는 남편은 숨이 너무 가빠서 식사를 하면서 동시에 대화까지 할 수는 없었다. 반면 그의 아내는 한시도 입을 다물지 않았다. 그녀는 프로이센군이 도착해서 한 짓들과 한 말들을 전해주었다. 그녀는 첫째는 그들이 자신의 돈을 축내기 때문에, 둘째는 두 아들이 군대에 가 있기 때문에 프로이센군을 증오했다. 그녀는 주로 백작부인을 향해서 말을 했는데, 귀부인과 대화를 나눌 수 있는 기회가 생겨 마음이 뿌듯했기 때문이었다.

여관주인의 아내가 말했다. "그렇습니다, 부인. 이 독일인들은 감자와 돼지고기, 그 다음엔 또 돼지고기와 감자를 먹어치우는 일 외에는 도통 하는 게 없어요.

P. 61 그리고 그들은 깨끗하지도 않아요! 천만에요! 몇 시간이고 며칠이고 훈련만 해요. 들판에 모두 모여서 앞으로 갔다, 뒤로 갔다, 이리 돌고, 저리 돌고 하는 것밖에는 아무것도 하는 것이 없어요. 차라리 땅이나 갈든가, 아니면 자기 나라에 남아서 길이나 닦을 것이지 말이죠! 정말이죠, 부인, 저 군인들은 하나 쓸모가 없어요! 불쌍한 우리들이 저놈들을 먹이고 재워 줘야 해요. 그래 봤자 저놈들이 배우는 건 사람 죽이는 일뿐인데도 말이죠! 프로이센 사람이건, 영국인이건, 폴란드인이건, 프랑스인이건 간에 사람을 죽이는 건 몹쓸 짓 아니겠어요? 우리를 다치게 하는 자들에게 복수를 하면 유죄라면서 벌을 주고, 우리 아들들이 메추라기 떼처럼 총에 맞아 쓰러지는 건 괜찮고, 가장 많이 죽인 놈에게 훈장을 주는 세상이에요. 정말이지, 전 정말이지 이해하지 못할 거예요."

코르뉴데도 목소리를 높였다. "전쟁이란 것은 평화로운 이웃을 공격할 때는 만행이지만, 조국을 수호할 때는 성스런 의무가 되는 겁니다."

여관주인의 늙은 아내는 시선을 떨구고 말했다. "그래요, 자기 자신을 방

어할 때는 또 다른 문제지요. 하지만 대신 왕들이나 죄다 죽이는 게 낫지 않겠어요? 보아하니 왕들이 자기들 즐겁자고 전쟁을 일으키는 것 같으니까 말이에요."

P. 62 코르뉴데는 동감의 뜻으로 눈을 번득였다. "장하다, 동지여!" 그가 외쳤다.

루아조가 자리에서 일어나 여관주인에게 가서 낮은 목소리로 이야기하기 시작했다. 뚱뚱한 주인은 낄낄대고 기침을 하면서 입안의 음식을 튀겼다. 그가 루아조가 하는 말에 웃을 때 그의 거대한 몸집이 흔들렸다. 결국 그는 루아조에게서 적포도주 6통을 사기로 결정하고, 프로이센군이 철수한 후 봄에 배달 받기로 했다.

저녁식사가 끝나가기가 무섭게, 긴 여행으로 녹초가 된 사람들은 모두 잠 자리에 들었다. 하지만 루아조는 스스로 '복도의 비밀'이라고 부르는 것을 알아내겠다며 열쇠구멍에다 처음에는 귀를 댔다, 다음에는 눈을 댔다 하면 서 즐거워했다.

1시간쯤 지나자 무슨 소리가 들렸다. 루아조가 재빨리 내다보니 비곗덩 어리의 모습이 보였다. 둘레가 흰색 레이스로 장식된 파란색 실내복을 입 은 그녀는 어느 때보다도 더 둥글둥글해 보였다. 그녀는 손에 촛불을 들고 코르뉴데와 낮은 소리로 이야기하고 있었다. 비곗덩어리가 자신의 방에 들 어오려는 코르뉴데를 막고 있는 것처럼 보였다.

P. 63 불행히도 이들이 무슨 말을 하는지 대화의 앞부분은 들리지 않았지 만, 끝에 가서는 두 사람이 언성을 높였기 때문에 몇 마디가 루아조의 귀에 들어왔다. 코르뉴데는 화를 내고 있었다. 그가 말했다. "바보같이 굴지마. 그게 당신과 무슨 상관이야?"

그녀는 기분이 상한 듯 보였고 이렇게 대꾸했다. "안 돼요. 그런 짓을 하 지 말아야 할 때가 있는 거예요. 여기서 그러는 건 창피한 일이라고요."

남자가 말귀를 알아듣지 못하는 것이 분명해 보였고, 그 이유가 뭐냐고 물었다. 그러자 여자가 더 이상 화를 못 참고, 주위도 아랑곳하지 않은 채 더욱 목소리를 높였다. "왜냐고요? 그 이유를 모른단 말이에요? 지금 프로 이센 놈들이 같은 건물에 있는데도 모른단 말이에요! 바로 옆방에 있을 수 도 있다고요!"

남자는 말이 없었다. 근처에 적군이 있는 곳에서는 애무도 받기 싫다는 이 부도덕한 창녀의 애국적 수치심이 코르뉴데 스스로의 애국심도 자극한 것이 틀림없었다. 그가 그녀의 볼에 키스한 후 조용히 자신의 방으로 물러났기 때문이었다. 이것을 본 루아조는 무척 신이 났다. 그는 침실 안을 돌며 덩실덩실 춤을 추다가 잠들어 있는 아내 옆에 누웠다.

P. 64 이튿날 아침 8시에 다시 출발하기로 정해놓았기 때문에, 그 시간이 되자 사람들이 모두 식당에 모였다. 하지만 지붕에 눈을 잔뜩 덮어쓴 마차가 말도 마부도 없이 마당 한가운데 덩그러니 서 있었다. 사람들은 마구간이며, 마차 두는 곳, 그리고 헛간까지 다니며 마부를 찾아보았지만 헛수고였다. 그래서 일행 중 남자들이 마부를 찾아 밖으로 나갔다. 남자들이 광장에 이르렀을 때 감자껍질을 벗기고 있는 프로이센 병사 한 명이 눈에 띄었다. 다른 한 명은 이발소에서 물청소를 하고 있었다. 눈 바로 아래까지 수염이 난 또 다른 한 명은 우는 아이를 안고 울음을 멈추게 하려고 아이를 무릎에 놓고 위아래로 흔들고 있었다. 남편들이 전쟁에 나가 혼자 사는 시골 촌부들이, 이 고분고분한 정복군 병사들에게 손짓으로 할 일을 지시하고 있었다. 나무를 패고, 수프를 끓이고, 커피를 빻는 일이었다. 심지어 병사들 중 한 명은 어떤 늙은 할머니의 빨래를 대신 해주고 있었다.

백작은 이 광경을 보고 기절초풍했다. 그는 마을교회에서 나오는 관리인에게 물었다. 관리인 노인이 대답했다. "오, 이 사람들은 전혀 고약하지 않아요. 이들은 프로이센 사람들이 아니라고 들었어요. 어딘지는 자세히 모르겠지만, 그보다 훨씬 더 먼 데서 온 사람들이래요. 그리고 다들 고향에 처자식을 두고 왔다는군요.

P. 65 저 사람들이라고 전쟁이 즐겁겠어요! 이 사람들도 전쟁 때문에 우리들만큼 고초를 겪고 있는 게 틀림없어요. 사실, 지금은 이곳 사정이 그리 나쁘지 않아요. 병사들이 마치 여기가 자기들 나라인 것처럼 열심히 일해 주니까요. 보시다시피, 나리, 가난한 사람들끼리는 서로 돕고 살지요. 전쟁을 일으키는 건 세상에서 행세깨나 하는 사람들이지요."

코르뉴데는 정복자와 피정복민간에 싹트는 우호적인 공감대 형성에 분개해서 여관으로 돌아가 버렸다.

마침내 사람들은 마을 술집에서 마부를 찾아냈다.

"8시에 말을 매라는 말 못 들었나?" 백작이 물었다.

"오, 들었어요. 하지만 그 후에 또 다른 지시가 있었는데요."

"또 다른 지시라니?"

"마차를 아예 준비하지 말라는 지시요."

"누가 그런 지시를 내렸단 말인가?"

"그 프로이센 장교가요."

"도대체 왜?"

"저도 모르지요. 직접 가서 물어보세요. 저야 말을 매지 말라는 명령을 들었으니 말을 매지 않을 수밖에요.

P. 66 어젯밤에 여관주인이 장교가 내린 명령을 전해 줬단 말이에요. 제가 막 잠자리에 들려고 할 때요."

세 남자는 몹시 불안한 마음으로 숙소로 돌아왔다. 그들은 폴랑비 씨를 찾았지만, 여관하인의 말로는 주인은 천식 때문에 아침 10시 이전에는 일어나는 법이 없다고 했다. 불이 난 경우를 제외하고는 그전에 주인을 깨우는 것도 엄격히 금지되어 있다고 했다.

사람들은 같은 여관에 묵고 있는 문제의 장교를 만나보려 했지만 그것도 가능하지 않았다. 폴랑비 씨만이 장교를 면담하는 것이 허용되었다. 그들은 기다릴 수밖에 도리가 없었다. 여자들은 각자의 방으로 돌아갔다.

코르뉘데는 식당의 높다란 벽난로 옆, 활활 타오르는 불 앞에 자리를 잡고 앉아 있었다. 그는 자기 옆 작은 탁자 위에 맥주병을 가져다 놓고 파이프를 피워 물었다. 그는 꼼짝도 하지 않고 앉아서, 춤추는 불꽃과 맥주를 덮은 거품을 번갈아 응시하고 있었다. 맥주를 한 모금 마실 때마다 그는 길고 가느다란 손가락으로 기름 바른 긴 머리칼을 쓸어 넘겼다. 콧수염에 묻은 맥주거품을 빨아먹으며 만족스런 표정이었다.

루아조는 산책하러 나가는 척했지만 사실은 시골 상인들에게 포도주를 팔 수 있을지 알아보러 나간 것이었다. 백작과 방적공장 사장은 정치 이야기를 나누기 시작했다.

P. 67 두 사람은 프랑스의 미래를 점치기도 했다. 코르뉘데는 이들의 이야기를 들으며 손에 운명의 열쇠를 쥔 사람마냥 실실 웃었다. 그가 피우는 파이프 냄새가 식당 안을 가득 채웠다.

시계가 10시를 치자 폴랑비 씨가 나타났다. 그는 순식간에 사람들로 에워싸여 질문을 받았다. 하지만 그도 같은 말을 되풀이할 뿐이었다. "그 장교가 내게 이렇게 말했다니까요. '폴랑비 씨, 내일 그 여행자들이 타고 갈 마차에 말을 매는 걸 금지시키시오. 그 사람들은 내 허락 없이는 떠날 수 없소. 알아들었소? 이상이오.'"

이 말을 들은 사람들은 장교를 만나게 해달라고 했다. 백작이 장교에게 자신의 명함을 보냈는데, 카레 라마동 씨도 그 명함에 자신의 이름과 직함을 적어 넣었다. 프로이센 장교는 점심식사 후 1시경에 두 사람의 면담을 허락한다는 회답을 보냈다.

숙녀들이 다시 내려왔고, 그들 모두 불안한 마음을 누르며 조금씩 요기를 했다. 비곗덩어리는 안색이 좋지 않았고 걱정스러운 얼굴이었다. 사람들이 커피를 마시고 났을 때 장교의 당번병이 두 신사를 데리러 왔다.

P. 68 루아조도 두 사람과 합류했다. 그들은 코르뉴데에게도 함께 가자고 했으나, 그는 거만하게 독일인들과는 어떤 상종도 하기 싫다고 내뱉으며 맥주를 한 병 더 주문했다.

세 남자는 위층으로 올라갔고, 여관에서 가장 좋은 방으로 안내되었다. 방 안에는 장교가 벽난로 선반에 다리를 올린 채 안락의자에 몸을 깊숙이 기대고 앉아 있었다. 그는 긴 사기 파이프를 피우고 있었고, 보나마나 어디선가 약탈한 것이 분명한 멋진 실내복을 걸치고 있었다. 장교는 일어나지도, 사람들에게 인사를 하지도, 심지어는 사람들 쪽으로 눈길을 보내지도 않았다. 다른 나라를 점령한 군인들이 흔히 보이는 거들먹거리는 태도의 전형을 보여주고 있었다.

얼마 후 그가 서툰 프랑스어로 말했다. "원하는 게 뭐요?"

"저희가 여행을 시작했으면 합니다." 백작이 말했다.

"안 돼."

"거절하시는 이유를 여쭤봐도 될까요?"

"내가 허락하고 싶지 않기 때문이지."

"죄송하지만, 프로이센군 총사령관께서 저희에게 디에프까지 여행하도록 허가해 주셨다는 걸 좀 기억해 주셨으면 합니다.

P. 69 또 저희는 장교님께 이런 가혹한 조치를 당할 만한 일을 한 적이 없

는 걸로 압니다."

"내가 허락하고 싶지 않다니까. 그게 다요. 이만 가보시오."

그들은 허리를 굽혀 인사를 하고 물러나왔다. 비참한 오후였다. 독일인의 변덕스런 결정을 도무지 이해할 수가 없었고, 이런저런 별 이상한 생각이 다 들었다. 그들은 모두 식당에 모여서 온갖 종류의 얼토당토않은 일들을 상상했다. 인질로 잡혀 있게 된 것이 아닐까? 하지만 무슨 이유로? 아니면 전쟁포로가 되었나? 아니면 몸값을 노리고 잡아두는 것일까? 이 마지막 가능성에 이르자 그들은 당황해서 어쩔 줄 몰랐다. 자신들의 목숨을 다시 사기 위해 어쩔 수 없이 그 오만불손한 군인의 손 안에 자루에 든 금화를 모두 쏟아 부을 상상을 하니, 그들 중에서도 돈이 가장 많은 사람이 가장 눈앞이 캄캄했다. 그들은 자신들이 부자라는 사실을 숨기고 가난한 척, 그것도 찢어지게 가난한 척할 방법을 찾아보려고 머리를 짜냈다. 루아조는 시곗줄을 끌러서 주머니 속에 넣었다. 밤이 다가오자 사람들의 불안감은 더욱 커졌다.

P. 70 그들이 저녁식사를 위해 막 자리에 앉으려는데 폴랑비 씨가 나타나서 씩씩거리는 목소리로 고했다. "프로이센 장교께서 엘리자베트 루세 양이 이제 생각을 바꾸셨는지 물어보라고 하시는데요."

비곗덩어리는 시체처럼 창백해진 얼굴로 멈춰 섰다. 그러더니 순식간에 분노로 얼굴이 빨개져서 이렇게 외쳤다. "그 비열한 놈에게, 그 프로이센 개에게, 절대 받아들일 수 없다고 전해 줘요. 알아들었어요? 절대, 절대, 절대 못한다고요!"

뚱뚱한 여관주인은 방을 나갔다. 그러자 모두 비곗덩어리를 둘러싸고 장교가 원하는 것이 뭐냐고 물었다. 그녀는 처음엔 대답하기를 거부했지만, 결국 끓어오르는 분노를 참지 못하고 소리질렀다. "그놈이 원하는 게 뭐냐고요? 저와 애인하자는 거예요!"

사람들은 모두 격분했다. 코르뉴데가 맥주병을 탁자 위에 내동댕이치는 바람에 병이 박살났다. 이 인면수심의 군인을 두고 비난의 아우성이 일었다. 모두 불같이 화를 냈다. 백작은 지대한 혐오감을 내보이며 프로이센인은 그 옛날 야만인들과 다를 것이 없다고 선언했다. 특히 부인네들은 비곗덩어리에게 떠들썩하고도 애틋한 동정을 표했다. 식사 때에만 모습을 나타내는 수녀들은 눈을 내리깔 뿐, 아무 말도 하지 않았다.

P. 71 처음의 격렬한 분노가 가라앉자 사람들은 바로 저녁을 먹기 시작했다. 하지만 서로 말은 별로 하지 않았지만 저마다 머릿속은 생각으로 꽉 차 있었다.

숙녀들은 일찌감치 잠자리에 들었다. 남자들은 파이프를 피워 물고 폴랑비 씨에게 함께 카드놀이를 하자고 청했다. 여행자들은 그에게 어떻게 하면 장교의 마음을 바꾸게 할 수 있는지 물어보려는 심산이었다. 하지만 주인은 카드놀이 외에는 안중에 없었고, 누구의 말에도 귀를 기울이거나 대꾸하려 들지 않았다. 그는 그저 반복해서 "게임에 집중하세요, 여러분! 집중들 하세요!"라고 외치기만 할 뿐이었다. 게임에 너무 몰두한 나머지 그는 숨쉬는 것조차 잊었고, 그 때문에 그의 가슴에는 오르간이 울리는 듯한 소리가 났다. 씨근덕거리는 그의 폐는 깊고 텅 빈 소리에서부터 날카롭게 색색거리는 소리까지 천식환자가 낼 수 있는 모든 음을 다 내고 있었다. 그에게서 얻어낼 수 있는 것은 아무것도 없다는 것을 알게 되자 사람들은 잘 시간이 되었다고 말하고 각자 침실로 올라갔다.

이튿날 아침, 사람들은 떠나는 것이 허락될지 모른다는 막연한 희망과, 그 어느 때보다도 떠나고 싶은 욕망, 그리고 이 비참한 여관에서 또다시 하루를 보내야 한다는 공포감을 느끼며 꽤 일찌감치부터 눈을 떴다.

P. 72 아아! 하지만 말들은 여전히 마구간에 있었고, 마부는 어디로 갔는지 보이지 않았다.

다들 침울한 가운데 아침식사를 했고, 비곗덩어리에 대한 모종의 냉기가 흘렀다. 간밤에 서로 따로 모여 수군덕댄 후, 밤새 이들의 마음이 바뀌었기 때문이었다. 차가운 아침 햇살이 비추자 그들은 여자가 밤새 슬그머니 프로이센인에게 가지 않은 것을 두고 그녀에* 대해 적개심까지 품었다. 하지만 아직은 아무도 그런 생각을 공공연하게 드러내지는 않았다.

오후가 되자, 사람들이 지루해서 어쩔 줄 모르는 것을 본 백작이 마을 근방으로 산책을 나가자고 제안했다. 불 옆에 앉아 있는 것이 낫다고 생각하는 코르뉴데와, 온종일 성당에서 시간을 보내는 수녀들을 뒤로 하고 그들 중 몇몇만이 옷을 단단히 두르고 밖으로 나갔다.

매일 더욱 심해지는 추위로 코와 귀가 얼어붙는 듯했다. 발도 아파오기 시작했고, 탁 트인 들판에 다다랐을 때는 끝도 없이 흰 눈에 덮인 그 광경이 너무나 음산하고 처량하게 느껴져서, 그들은 신속히 발길을 돌렸다. 몸은 추위로 굳었고, 마음은 무거웠다.

P. 73 네 명의 여자가 앞서서 걸었고 남자 셋이 조금 뒤처져서 따라왔다.

루아조가 느닷없이 질문을 던졌다. "언제까지 저 여자가 우리를 이 몹쓸 곳에 묶어둘 셈일까요?" 언제나 예의를 잃지 않는 백작은 어떤 여자에게서든 그렇게 괴로운 희생을 당연하게 기대해서는 안 된다며, 그런 일일수록 당사자가 자발적으로 나서야 하는 법이라고 대꾸했다. 카레 라마동 씨는 만일 프랑스군이 디에프를 거쳐 반격을 해온다면 다음 전투는 토트에서 벌어질 것이 불가피하다는 점을 주지시켰다. 이 말에 나머지 두 남자도 불안해졌다.

"걸어서 도망칠 수는 없을까요?" 루아조가 물었다.

백작이 어깨를 으쓱하며 말했다. "이런 눈 속에 어떻게 그럴 생각을 할 수 있소? 거기다 부인들까지 데리고 말이오? 게다가 당장 추격당할 거요. 10분도 안 되어 붙잡혀서 포로로 끌려오는 날에는 군인들의 처분만 기다리게 될 거란 말이오."

옳은 말이었기에 그들은 할말을 잃었다.

문득 길 끝에서 장교가 나타났다.

P. 74 큰 키에 군복을 입은 그의 모습이 흰 눈 때문에 두드러져 보였다. 장교는 광을 내어 닦은 군화를 더럽히지 않으려 애쓰며 무릎을 벌리고 걸었다. 장교는 숙녀들 옆을 지날 때는 고개를 끄덕여 인사했고, 남자들에게는 비웃는 듯한 시선을 던졌다. 남자들에게는 적어도 모자를 들어올려 인사하지 않을 정도의 자존심은 남아 있었다.

비곗덩어리는 얼굴이 귀까지 빨개졌고, 세 명의 유부녀들은 장교가 자신들이 매춘부와 함께 있는 것을 본 것에 참지 못할 치욕을 느꼈다. 장교가 지나가자 사람들은 그를 화제에 올렸다. 그의 체격과 얼굴에 대해 이야기했다. 장교들을 많이 알고 지냈고, 또 경험 있는 비평가의 입장에서 그들을 평가해온 카레 라마동 부인은 그가 그런대로 잘생긴 편이라고 말했다. 부인은 심지어 그가 프랑스인이 아닌 것이 유감이라고 했다. 그가 프랑스인이었다면 굉장한 미남 기병(騎兵)이 되었을 거라면서 그에게 반하지 않을 여자가 없었을 것이기 때문이라고 했다.

다시 여관으로 돌아온 그들은 이제 무엇을 어째야 할지 막막했다. 아무도 입을 여는 사람이 없는 가운데 저녁식사가 후다닥 끝났고, 각자 잠으로 시간을 죽이기 위해 일찌감치 침실로 갔다.

이튿날 사람들은 지치고 짜증스런 마음으로 내려왔다. 여자들은 비곗덩어리에게 말도 걸지 않았다.

P. 75 성당 종소리가 울렸고, 신자들은 세례식에 참여하기 위해 성당으로 갔다. 비곗덩어리에게는 이브토의 어떤 농가에 키워달라고 맡겨놓은 아들 아이가 하나 있었다. 일 년에 한 번도 볼까 말까 한 데다가 아이 생각을 하는 편도 아니었는데, 이날 세례 받을 아이를 상상하니 자신의 아이에 대한 그리움이 갑작스럽게 밀려닥쳤다. 그래서 그녀는 세례식에 꼭 가보고 싶다는 마음이 들었다.

그녀가 성당으로 가자마자, 나머지 사람들은 서로의 얼굴을 쳐다보더니 의자를 끌어다 모여 앉았다. 어떤 결정이라도 내려야 한다고 생각한 것이었다. 루아조에게 생각이 있었다. 그는 장교에게 가서 비곗덩어리만 억류하는 게 어떠냐고 제안하고 다른 사람들은 갈 길을 가게 해달라고 부탁하자고 했다.

폴랑비 씨가 이 제안을 전하러 장교에게 갔지만 금세 다시 내려왔다. 인간의 본성을 환히 꿰고 있는 이 독일인이 거절한 것이다. 장교는 자신의 요구가 받아들여질 때까지 여행객 모두를 잡아둘 작정이었다.

P. 76 루아조 부인의 상스러운 기질이 불거져 나왔다. 그녀가 이렇게 부르짖었다. "우리 모두 여기서 늙어 죽고 말겠군! 남자들을 상대로 그런 일을 하는 게 그 여자의 직업인데, 이 사람은 되고 저 사람은 안 된다고 할 권리가 있기나 한지 모르겠네요. 루앙에서는 그 여자가 아무 남자나 애인으로 삼았다는 이야기를 하고 넘어가야겠어요. 심지어는 마부들도 마다하지 않았다고요! 내가 확실히 알아요. 그 마부 중 하나가 우리 가게에서 포도주를 샀거든요. 그런데 하필 우리가 이런 곤경에 빠져 있는 이때, 제깟 것이 귀부인 행세를 하다니요, 위선자 같으니라고! 내 생각에 장교가 잘못 처신한건 없어요. 글쎄, 당연히 더 끌릴만한 여자가 우리 중에 셋이나 더 있잖아요. 그런데도 그 사람은 아무나 가질 수 있는 여자를 고르는 걸로 만족한

거예요. 결혼한 여자들을 존중하는 사람이에요. 한번 생각해 보라고요. 여기서는 그 사람이 주인이에요. 그 사람은 '내가 원한다.' 한 마디면 자기 병사들의 힘을 동원해서 강제로라도 우리를 욕보일 수 있었다고요."

다른 두 명의 여자들이 몸을 떨었다. 어여쁜 카레 라마동 부인의 눈이 눈물로 반짝거리더니 실제로 그 장교가 자신을 겁탈하려 들기라도 하는 것처럼 얼굴이 창백해졌다.

루아조가 '그 하찮은 여자'의 손발을 묶어서라도 적에게 넘겨주자고 했다. 하지만 3대에 걸쳐 대사를 배출한 집안 출신인 백작은 좀 더 외교적인 방법을 선호했다.

P. 77 백작이 말했다. "그 여자를 설득해야 합니다."

그래서 사람들은 계획을 꾸몄다. 가까이 모여 목소리를 낮춰 각자 이런 저런 의견을 내놓았다. 특히 부인네들은 가장 부적절한 것을 표현하기 위한 미사여구를 찾아내는 데 놀라운 재주를 가지고 있었다. 심지어 이들은 속으로 이런 불쾌한 상황을 즐기기 시작했다.

사람들 사이에 활기가 되살아났다. 백작이 품위에 맞지 않는 발언을 슬쩍슬쩍 하는 바람에 좌중은 웃지 않을 수 없었다. 루아조는 훨씬 더 음탕한 농담을 했지만 아무도 불쾌하게 생각하지 않았다. 그리고 그들 모두, 루아조 부인이 그토록 노골적으로 드러냈던 것과 똑같은 생각을 마음속에 품고 있었다. '그것이 그 여자의 직업인데 그 장교만 거부할 이유가 어디 있단 말인가?' 고상한 카레 라마동 부인에게도 비곗덩어리가 그동안 이보다 더 나쁜 의뢰도 많이 받았을 거라는 생각이 들었다.

그들은 마치 요새를 공격하기라도 하듯 면밀히 계획을 수립했다. 각자 해야 할 역할과, 정당화에 사용할 논거, 이 인간 요새를 무너뜨려서 적을 성벽 안으로 맞아들이게 할 전략을 정했다.

P. 78 하지만 코르뉴데는 사람들에게서 떨어져 있었고 계략을 짜는 데 전혀 참여하지 않았다.

모두 작전을 짜는데 정신이 팔려서 비곗덩어리가 안으로 들어서는 것도 모를 뻔했다. 백작이 낮은 소리로 "쉿!" 하자, 모두 고개를 들었다. 그녀가 와 있었다. 사람들은 갑자기 말을 멈추었고, 왠지 당황해하며 한동안 아무도 입을 열지 않았다. 하지만 가장 먼저 정신을 차린 백작부인이 그녀에게

"세례식은 재미있었나요?"라고 물었다.

비곗덩어리는 아직도 감동이 가시지 않은 듯한 투로 자신이 본 것과 들은 것을 이야기했다. 심지어 성당의 생김새까지 설명했다. 그녀는 다음과 같은 말로 이야기의 끝을 맺었다. "가끔은 기도를 올리는 것이 도움이 되는 것 같아요."

점심시간이 될 때까지 부인들은, 신뢰감을 주어서 자신들의 충고를 잘 받아들이게 하려고 비곗덩어리에게 상냥하게 굴었다. 식탁에 앉기가 무섭게 공략이 시작되었다. 우선 사람들은 자기희생을 화제에 올렸다. 오래된 사례들이 언급되었다. 유디트와 그녀가 죽인 아시리아 장군 이야기, 그 다음엔 자신의 미모로 로마 적장들을 흘려서 노예로 몰락시킨 클레오파트라의 이야기가 나왔다.

P. 79 그 다음에는 이야기 하나를 상상해서 지어냈다. 로마의 여인들이 한니발과 그의 장군들과 병사들까지 모두 유혹했다는 이야기였다. 그들은 이렇게, 정복자들의 승리의 행진을 저지시키고, 자신들의 몸을 전쟁터와 무기 삼아 복수와 애국을 위해 자신들의 정조를 기꺼이 바친 모든 여인들을 칭송했다. 이런 모든 이야기가 아주 멋지게 펼쳐졌다. 듣다 보면, 이 세상에서 여자가 할 일이란 단 하나, 즉 영원히 적군에게 자신의 몸을 바치는 것뿐이라는 생각이 저절로 들 정도였다.

두 명의 수녀들은 깊이 생각에 잠겨 아무 말도 듣고 있지 않는 내색이었다. 비곗덩어리는 아무 말이 없었다.

수프가 나왔을 때, 폴랑비 씨가 다시 나타나서 전날 저녁에 했던 말을 되풀이했다. "프로이센 장교께서 엘리자베트 루세 양에게 아직도 생각을 바꾸지 않으셨는지 물어보라고 하십니다."

비곗덩어리는 간단히 대답했다. "네, 바꾸지 않았어요."

저녁식사 때는 공략이 주춤해졌다. 각자 머리를 쥐어짜며 자기희생에 관한 사례를 더 찾아보려고 했으나 헛수고였다. 백작부인이 두 수녀에게 말을 걸었고, 마치 우연처럼, 수녀들은 성인(聖人)들의 삶에 관해 이야기하기 시작했다.

P. 80 성인들 중 상당수도 인간의 눈으로 보기에는 죄악으로 여겨지는 일들을 범한 바 있다. 그렇지만, 그런 일들이 하느님의 영광이나 인류의 복지

를 위해 행해질 때는 교회도 그 행위를 기꺼이 용서하는 법이다. 수녀들의 말은 아주 강력한 논거가 되었고, 백작부인은 이것을 최대한 활용했다. 나이 든 수녀가 아주 유용한 말을 했다. 수녀에 말에 따르면 행동의 동기가 칭찬할 만한 것이라면 주님께서 그런 행동을 싫어하실 이유가 없다는 것이었다.

수녀가 내뱉은 말 한 마디 한 마디가 이 매춘부의 짜증나는 저항을 약화시켰다. 수녀가 한 말이 가져온 효과가 퇴색될까 봐, 수녀가 말을 마쳤을 때 아무도 입을 열지 않았다.

식사가 끝나자마자 여행자들은 자신들의 방으로 돌아갔다. 다음날 아침 이들은 늦게야 내려왔다. 점심을 먹고 나서 백작부인이 산책을 나가자고 했다. 그리고 사전에 약속된 대로, 백작이 비곗덩어리와 팔짱을 끼고 그녀와 함께 다른 사람들에게서 조금 거리를 두고 뒤처져서 걸었다.

백작이 단도직입적으로 말했다. "그러니까 아가씨는 차라리 우리를 여기 꼼짝없이 박아두고 싶다 이거군요. 아가씨 인생에서 수없이 해왔던 일을 또 하느니 프랑스군이 맹공격을 해올지도 모르는 이 마당에 우리를 위험에 노출시키겠다는 건가요?"

P. 81 여자는 아무 대답도 하지 않았다.

백작은 부드럽게 타이르기도 하고, 조목조목 주장을 펴기도 하고, 감정에 호소하기도 했다. 그는 그녀가 자신들에게 베풀 봉사를 찬양하고, 그것을 얼마나 고맙게 생각하는지 말하면서, 느닷없이 친한 사이에 쓰는 반말투로, "그리고 아가씨도 알잖아? 그 장교가 자기 나라에서 아가씨처럼 예쁜 여자를 볼 수나 있겠어?" 라고 말했다.

비곗덩어리는 아무런 대꾸도 하지 않고 다른 일행과 합류했다.

여관으로 돌아오자 그녀는 곧바로 자신의 방으로 갔다. 사람들의 불안은 극도에 달했다. 그 여자가 어떻게 할 것인가? 만약 여자가 계속 버티면, 그들 모두에게 얼마나 민망한 일이 될 것인가!

저녁식사 시간을 알리는 종이 울렸다. 기다려도 그녀는 나타나지 않았다. 이윽고 폴랑비 씨가 들어와서 루세 양은 몸이 좋지 않으니 먼저 식사를 하라고 말했다. 사람들은 제각기 귀를 곤두세웠다. 백작이 여관주인 옆으로 다가가 그에게 속삭였다. "일이 잘 되었습니까?"

P. 82 "예." 여관주인이 대답했다.

품위를 지키느라고 백작은 일행에게 아무런 말을 하지 않고 다만 슬쩍 고개만 끄덕였다. 긴 안도의 한숨이 터져 나왔고 사람들 얼굴마다 기쁜 빛이 역력했다.

루아조가 소리쳤다. "아이고! 이 집에서 발견되는 샴페인이 있다면, 내가 모두에게 술을 사겠습니다!" 폴랑비 씨가 손에 술 네 병을 들고 돌아오는 것을 본 루아조 부인은 그 비용 생각에 대경실색하고 말았다. 사람들 모두 갑자기 수다스러워지고 떠들썩해졌다. 모두들 신나고 기쁜 마음이었다. 백작은 새삼스럽게 카레 라마동 부인이 아름답다는 걸 깨달은 사람처럼 굴었고, 방적공장 사장도 백작부인에게 찬사를 늘어놓았다. 대화는 활기를 띠고 재치에 넘쳤으며, 그 중에는 입에 담을 수 없을 만큼 고약한 취향의 농담들도 많았지만, 일행 모두 그런 언사를 재미있어했고 기분 나빠하는 사람은 아무도 없었다.

후식을 들 때는 부인네들까지도 농담을 건넸다. 그들은 서로 의미심장한 눈길을 주고받았다. 모두들 거나하게 마셨다. 루아조가 벌떡 일어나더니 샴페인 잔을 치켜들었다. "우리의 해방을 위해 건배!" 그가 외쳤다.

모두 일어서서 건배했다. 심지어는 두 신실한 수녀들까지도 한번도 입에 대본 적이 없는 샴페인에 입술을 축이는데 동의했다.

P. 83 수녀들은 레모네이드와 비슷하면서도 맛이 훨씬 낫다고 평했다.

"피아노가 없어서 유감이로군. 춤곡을 연주할 수도 있었을 텐데." 루아조가 말했다.

코르뉘데는 내내 한마디 말이 없었고 꼼짝도 하지 않았다. 그는 심각한 생각에 깊이 잠겨 있는 듯 보였고, 가뜩이나 긴 수염을 더 늘리려는 것처럼 가끔 자신의 수염을 신경질적으로 잡아당겼다. 이윽고 자정이 되어 사람들이 흩어지려 할 때, 루아조가 느닷없이 코르뉘데의 등을 철썩 때리면서 술에 취해 어눌한 말투로 물었다. "오늘밤 기분이 좋지 않으시군. 왜 이리 꿀먹은 벙어리인 거요, 친구?"

코르뉘데는 머리를 번쩍 치켜들고 비웃는 눈빛으로 일행을 획 둘러보더니 이렇게 대답했다. "여러분 모두에게 말하는데, 당신들은 아주 비열한 짓을 저지른 거요!" 그는 자리에서 일어나 문으로 갔고, 다시 한 번 "비열하고 말고!"라고 외치더니 나가버렸다.

찬물을 끼얹은 듯한 분위기가 되었다. 루아조는 한동안 바보같이 어리둥절해 하다가, 곧 특유의 자신감을 되찾더니 자지러지게 웃기 시작했다.

P. 84 그는 "사실, 손에 닿지 않는 포도는 신 포도인 법이지!"라고 외쳤다.

그리고 그는 '복도의 비밀' 이야기를 꺼냈고 사람들은 웃겨서 어쩔 줄 몰랐다. 부인네들도 재미있다는 내색을 숨기지 못했다. 백작과 카레 라마동 씨는 너무 웃어서 눈물이 날 정도였다. 자신들의 귀가 믿기지 않는다는 투였다.

"설마! 정말이에요? 그 사람이 원한 게…"

"내가 두 눈으로 똑똑히 보았다니까요."

"그리고 그 여자가 거절했단 말이죠?"

"그 프로이센 장교가 바로 옆방에 있기 때문이라면서요!"

"설마 잘못 들으신 거겠죠."

"맹세코 있었던 그대로라니까요."

백작은 웃느라 숨이 막혀 캑캑거렸다. 방적공장 사장은 배를 쥐고 웃었다. 루아조가 말을 이었다. "그러니, 그 사람에게 오늘 저녁 일이 즐겁지 않은 이유가 상상이 되고도 남으시겠죠." 이 말을 들은 남자 세 명은 모두 박장대소했다. 캑캑거리고 기침까지 하면서, 웃느라고 헛구역질까지 할 정도였다.

이튿날 아침 맑은 겨울 햇빛을 받아 흰 눈이 눈부시게 빛났다. 마침내 채비를 갖춘 말과 마차가 문 앞에서 기다리고 있었다. 마부는 양가죽 외투로 몸을 감싸고 마부석에 앉아 파이프를 피우고 있었다. 곧 떠날 수 있다는 기쁜 마음에 승객들은 모두 환한 얼굴이었다.

P. 85 비곗덩어리만 내려오지 않고 있었다. 이윽고 그녀가 나타났다.

그녀는 부끄럽고 무안한 안색으로 머뭇머뭇하며 일행이 있는 쪽으로 걸어갔다. 사람들은 그녀를 보지 못한 것처럼 일제히 몸을 옆으로 돌렸다. 백작은 있는 대로 점잔을 빼면서 자기 아내의 팔을 잡아당겨 아내가 불결한 사람과 접촉하는 것을 막았다.

여자는 깜짝 놀라 멈춰 섰다. 그리고는 가까스로 용기를 내어 방적공장 사장의 아내에게 쩔쩔매며 "안녕하세요, 부인."하고 인사했다. 카레 라마동 부인은 오만하게 고개만 까딱하며 건성으로 인사를 받았다. 마치 자신의 고결함이 모욕당했다는 듯한 투였다. 모두들 갑자기 몹시 분주한 척하면서, 비곗덩어리가 무슨 치명적인 병에 감염되기라도 한 것처럼 그녀에게서 멀찌감치 떨어졌다. 그러더니 그들은 서둘러 마차로 몰려갔다. 경멸을 당한 매춘부는 말없이 가장 나중에 마차에 올랐다.

일행은 그녀를 본 척도 아는 척도 하지 않았다. 다만 루아조 부인만이 경멸하는 시선으로 그녀 쪽을 거들떠보면서 들으라는 듯이 자신의 남편에게 말했다. "내가 저런 인간 옆에 앉지 않게 되어서 얼마나 다행인지 몰라요!" **P. 86** 마차가 덜그럭거리며 앞으로 움직이기 시작했고, 다시금 여행이 시작되었다.

처음에는 아무도 말을 하지 않았다. 비곗덩어리는 감히 눈도 들지 못했다. 동행자들에 대한 분노와 함께, 그들이 그토록 위선적으로 자신을 프로이센 장교의 품 속으로 몰아넣었을 때 그것에 굴복한 자기 자신에 대해 수치심을 느끼고 있었다.

백작부인이 카레 라마동 부인을 향해 말을 꺼내 그 고통스런 정적을 깼다. "부인께서도 데트렐르 부인을 아시지요?"

"네, 제 친구인걸요."

"그분 참 매력적인 분이지요!"

"정말 유쾌한 사람이지요! 재능도 뛰어나서 노래를 기가 막히게 부르고 그림 솜씨도 더할 나위 없지요."

방적공작 사장은 백작과 대화를 나눴는데, 가끔 한 마디씩 들렸다. '배당금, 지불만기일, 할증금, 출자금' 이런 말들이었다.

루아조는 여관에서 훔쳐온 낡은 카드 한 벌을 꺼내서 자신의 아내와 게임을 시작했다.

수녀들은 허리춤에 늘이고 있던 긴 묵주를 들어올리고 가슴에 성호를 긋고 기도문을 웅얼거리기 시작했다.

P. 87 코르뉴데는 꼼짝도 않고 생각에 잠겨 있었다.

이렇게 3시간이 흐른 후 루아조는 카드를 주워 모으면서 시장기가 느껴진다고 말했다. 그의 아내가 끈으로 묶은 꾸러미를 꺼내서 송아지 고기 한 조각을 꺼냈다. 그녀는 그 고기를 얇은 조각으로 깔끔하게 잘랐고, 남편과 함께 먹기 시작했다.

"우리도 뭘 좀 먹을까요?" 백작부인이 말했다. 모두들 동의하자 백작부인은 자신과 자신의 남편, 그리고 카레 라마동 부부를 위해 챙겨온 식량을 꺼냈다. 맛있어 보이는 꿩고기와 커다란 치즈 덩어리였다.

두 명의 수녀도 마늘 냄새가 진동하는 두툼한 소시지 조각을 펼쳤다. 코르뉘데는 자신의 커다란 외투 주머니에 두 손을 깊숙이 넣더니 네 개의 삶은 달걀과 딱딱한 빵 한 조각을 꺼냈다. 그는 달걀 껍질을 벗겨 발 밑에 깔린 볏짚에 던지더니 달걀을 집어삼키기 시작했다. 그는 멋진 수염 위에 밝은 색의 달걀 노른자 조각들을 뚝뚝 흘리며 먹어댔다.

P. 88 비곗덩어리는 서둘러 떠나느라고 당황해서 미처 아무것도 챙겨올 생각을 하지 못했고, 분노로 몸을 떨면서 사람들이 천연덕스럽게 먹는 것을 지켜보았다. 그녀는 그들이 한 짓을 외치려고, 그리고 정신을 못 차릴 만큼 한바탕 욕을 퍼부어주려고 입을 열었지만, 분노로 숨이 막혀 단 한마디도 내뱉을 수 없었다.

그녀 쪽을 쳐다보거나 그녀를 염두에 두는 사람은 아무도 없었다. 그녀는 이 정숙한 인간들의 조롱 속에 집어삼켜진 듯한 느낌이었다. 이들은 처음엔 그녀를 희생시키더니, 이제는 쓸모 없고 더러운 물건 취급하며 배척하고 있었다. 그녀는 자신의 바구니에 가득했던, 이들이 게걸스럽게 먹어치웠던 그 맛있는 음식을 떠올렸다. 젤리를 입힌 닭 두 마리와, 파이, 배, 네 병의 적포도주.

그녀는 분노 때문에 눈물이 날 것만 같았다. 그녀는 감정을 억제하려 안간힘을 쓰면서 목구멍을 막는 흐느낌을 삼켰다. 하지만 어쩔 수 없이 눈물이 솟아올라 눈가에서 반짝거리더니, 곧 두 개의 굵은 눈물방울이 그녀의 뺨을 타고 천천히 흘러내렸다. 더 많은 눈물방울들이 더욱 빠르게 그 뒤를 이었고, 하나씩 연이어 그녀의 둥근 가슴 위로 떨어졌다. 그녀는 자신이 우는 것을 아무도 보지 않기를 간절히 빌며 창백하게 굳은 얼굴로 꼿꼿이 앉아 있었다.

하지만 백작부인이 그녀가 흐느끼고 있는 것을 눈치챘고 자신의 남편에게도 그 사실을 알렸다.

P. 89 그는 마치 "그래서 어쩌란 말이오? 내 잘못도 아니잖아?"라고 말하

듯이 어깨를 으쓱했다. 루아조 부인은 승리감에 차서 낄낄거리며 낮은 소리로 "창피해서 우는 거죠, 뭐."라고 말했다.

두 수녀는 먹다 남은 소시지를 다시 종이에 싼 뒤 기도를 재개했다.

그때 달걀을 소화시키고 있던 코르뉘데가 다리를 반대편 의자 밑으로 길게 뻗으며 몸을 뒤로 젖히고 팔짱을 끼더니 방금 재미있는 농담이 떠오른 사람처럼 실실거리며 웃었다. 그는 휘파람으로 라 마르세예즈를 부르기 시작했다.

사람들의 얼굴이 어두워졌다. 이 민중적 노래가 마음에 들지 않은 기색들이 역력했다. 그들은 점점 신경질적이고 짜증스런 표정이 되더니, 마치 휴대용 오르간 소리에 짖어대는 개들처럼 울부짖기라도 할 태세였다.

코르뉘데는 자신이 불러일으킨 불쾌함을 눈치채고 더욱 크게 휘파람을 불었다. 이따금 노랫말까지 흥얼거렸다.

P. 90 "거룩한 조국애여,
복수를 향한 우리의 팔을 이끌고 떠받쳐라.
자유여, 소중한 자유여,
너의 수호자와 함께 싸우라!"

디에프까지 가는 내내 코르뉘데는 강렬한 복수심을 드러내며 집요하게 계속 휘파람을 불었다. 길고 음울한 여행 동안 그는 지치고 화난 동행자들로 하여금 그 노래를 몇 시간이고 처음부터 끝까지 듣지 않을 수 없도록 만들었다.

P. 91 사람들은 어스름이 내린 다음에도 짙은 어둠 속에서 매번 노래가 반복될 때마다 노래의 모든 구절과 그 구절의 모든 단어를 상기해야 했다.

그리고 비곗덩어리도 계속 울었다. 이따금 참을 수 없는 흐느낌이 어둠 속에서 노래 구절과 구절 사이에서 흘러나왔다.

두 친구

P. 94 파리는 포위되었고 사람들은 굶주림에 허덕였다. 지붕 위의 참새와 하수도의 쥐도 자취를 감추었다. 사람들은 닥치는 대로 아무거나 먹었다.

정월의 어느 맑은 날 아침, 시계상 모리소 씨가 대로변을 이리저리 걷고 있었다. 그는 두 손을 주머니에 찌르고 허기진 배로 걸었다. 그러다 갑자기 자신의 낚시 친구인 소바주 씨와 마주쳤다.

그곳은 전쟁 전에 일요일 아침마다 모리소가 소바주 씨와 만나던 장소였다. 두 사람은 대나무 낚싯대와 양철통을 들고 길을 떠나곤 했다. 그들은 콜롱브까지 기차를 타고 가서, 거기부터 마랑트 섬까지 걸어갔다. 그들은 그 아름다운 곳에 도착하는 순간부터 낚시를 시작해서 해가 저물도록 고기를 잡았다.

소바주 씨는 뚱뚱하고 작은 체격에 명랑한 남자였다. 포목상을 하는 그도 낚시광이었다. 종종 그들은 손에는 낚싯대를 들고, 발은 물 위로 내려뜨리고 나란히 앉아 반나절을 함께 보냈고, 그렇게 두 사람 사이에는 훈훈한 우정이 솟아났다.

P. 95 어떤 날은 서로 아무 말도 않았지만 어떤 날은 수다를 떨었다. 그들은 서로 취향도 같고 생각도 잘 통해서 말을 하지 않고도 죽이 잘 맞았다.

봄날 아침 10시쯤, 아침 해가 물 위에 엷은 수증기를 띄우고, 두 열성 낚시꾼의 등을 따스하게 덥혀줄 때면, 모리소는 때때로 옆에 있는 친구에게 "여기 참 좋군요." 라고 한마디 건넸다.

그러면 그의 친구는 "이보다 더 좋을 수는 없겠죠!" 라고 대꾸하곤 했다.

이런 말 몇 마디면 그들이 서로를 이해하고 판단하기에 충분했다.

두 사람은 서로를 알아보자마자 악수를 나누었다. 이렇게 너무도 달라진 상황에서 다시 만났다는 생각에 감정이 북받쳤다.

소바주 씨가 한숨을 내쉬며 낮은 소리로 말했다. "참으로 불행한 시절입니다!"

모리소도 침울한 얼굴로 고개를 젓고 나서 말했다. "날씨는 또 왜 이런지요! 오늘이 금년 들어 처음으로 해가 나는 날이군요."

P. 96 하늘은 쾌청하게 구름 한 점 없는 파란색이었다. 두 사람은 생각에

잠긴 채 서글픈 얼굴로 나란히 걸었다.

모리소가 말했다. "낚시하던 때를 기억해 보세요! 그때가 정말 좋은 시절이었죠!"

"언제쯤 우리가 다시 낚시를 할 수 있게 될까요?" 소바주 씨가 물었다.

두 사람은 작은 술집에 들어가서 함께 술 한 잔을 마신 다음, 다시 보도 위를 함께 걸었다.

모리소가 갑자기 걸음을 멈추고 말했다. "한 잔 더 할까요?"

"원하신다면요." 소바주 씨도 동의했다. 그래서 두 사람은 다른 술집으로 들어갔다.

술집에서 나왔을 때는 두 사람 모두 빈 속에 술을 마신 탓인지 비틀거리고 있었다. 맑고 따스한 날씨였고, 미풍이 그들의 얼굴에 솔솔 불어왔다. 술기운에 훈훈한 공기까지 가세하자, 소바주 씨가 문득 걸음을 멈추고 이렇게 말했다. "우리, 거기 가면 어떨까요?"

"어디요?"

"낚시하러 말입니다."

"어디서 낚시를 한단 말입니까?"

"어디긴요, 옛날 그곳이지요. 프랑스군 전초부대가 콜롱브 근처에 있습니다.

P. 97 내가 뒤물랭 대령과 아는 사이니까 쉽게 통과시켜 줄 겁니다."

모리소도 가고 싶은 욕망에 몸이 떨렸다. "좋습니다. 갑시다."

두 사람은 각자 낚싯대와 낚싯줄을 가지러 헤어졌다. 1시간 후 그들은 다시 나란히 걷고 있었다. 두 사람은 곧 대령이 점거하고 있는 별장에 이르렀다. 대령은 그들의 부탁을 듣고 싱긋 웃더니 허락해 주었다. 그들은 통행허가증을 받아들고 다시 걷기 시작했다.

얼마 안 되어 그들은 전초선을 넘어 인적 없는 콜롱브를 가로지른 다음, 센 강변과 닿아있는 작은 포도밭 가장자리에 이르렀다. 시간은 오전 11경이었다.

그들 앞에 보이는 아르장테이유 마을은 인기척 하나 없었다. 오르주몽과 사누아의 고지대가 주변을 굽어보고 있었다. 소바주 씨가 그 고지대를 가리키며 낮은 목소리로 말했다. "프로이센 군대가 저 위에 있어요!"

P. 98 텅 비어 있는 들판을 보자 두 친구는 불안감에 휩싸였다.

프로이센군! 그들이 프로이센군을 직접 본 적은 없었지만, 몇 달 전부터 파리 근교를 포위하고 있는 그들의 존재를 느끼고는 있었다. 프로이센군은 프랑스를 파괴하고, 약탈하고, 사람들을 학살하고 굶주림에 떨게 하고 있었다. 이미 그들은 이 미지의 점령군을 향해서 증오심이 뒤섞인 일종의 미신적인 공포를 품고 있었다.

"그자들을 만나게 되면 어떡하죠?" 모리소가 말했다.

"물고기나 나눠 주죠 뭐." 소바주 씨가 대답했다.

하지만, 주변을 지배하고 있는 완벽한 정적에 겁을 먹은 이들은 탁 트인 들판으로 선뜻 몸을 내놓지 못하고 머뭇거리고 있었다.

결국 소바주 씨가 용감하게 말했다. "자, 그럼 출발합시다! 하지만 조심합시다!"

그래서 두 사람은 포도밭 하나를 가로지르기 시작했다. 몸을 잔뜩 굽히고, 포도덤불 밑을 기다시피 나아가며 조심스레 사방을 살피고 귀를 곤두세웠다. 강기슭으로 나가려면 이제 나무 없이 텅 빈 길쭉한 땅 한 군데만 건너가면 되었다. 그들은 그 땅을 가로질러 뛰었다. 물가에 다다르자마자 두 사람은 마른 갈대 사이에 몸을 숨겼다.

P. 99 모리소는 귀를 땅에 대고 자신들 쪽으로 다가오는 발소리가 있는지 들어보았다. 아무 소리도 나지 않았다. 그들 외에는 아무도 없는 듯했다. 그들은 안심을 하고 낚시질을 시작했다.

그들 앞에는 인적 없는 마랑트 섬이 버티고 있어 그들을 반대편 강가로부터 가려주었다.

P. 100 섬에 있는 작은 음식점은 마치 몇 년 전부터 버려져 있었던 듯한 모습으로 닫혀 있었다.

소바주 씨가 먼저 모샘치를 잡았고, 이어서 모리소 씨도 잡았다. 둘이서 번갈아 쉬지 않고 낚싯줄을 들어올렸고, 그때마다 낚싯줄 끝에는 작고 반짝이는 은색 물고기가 팔딱거렸다. 낚시는 대성공이었고, 두 사람은 잔뜩 신이 났다. 그것은 두 사람이 오랫동안 빼앗겼던 기쁨이었다.

햇살이 그들의 등 위에 쏟아졌다. 더 이상 아무것도 들리지 않았고, 아무 생각도 나지 않았다. 그들은 모든 세상사를 잊고 낚시질을 했다.

그런데 갑자기 땅속에서 울리는 듯한 우르르 소리에 그들의 발 아래 땅이 진동했다. 멈췄던 대포소리가 다시 쾅쾅 울리기 시작한 것이다.

모리소가 고개를 돌려 왼편을 보니 강둑 너머 발레리앙 산의 거대한 윤곽이 보였고, 산꼭대기에서 흰 연기가 한 차례 솟아오르고 있었다. 다음 순간 두 번째 연기가 그 뒤를 이었고, 잠시 후 또 한번의 폭발음이 땅을 뒤흔들었다.

P. 101 소바주 씨가 어깨를 으쓱했다. "또 시작이군!"

모리소는 갑자기 화가 치밀었다. 평화를 바라는 사람이 대포를 쏘아대는 미치광이들을 향해 느끼는 분노였다. 그가 외쳤다. "저렇게 서로 죽여대다니 정말 어리석은 인간들 아닙니까!"

"짐승보다도 못한 인간들이지요." 소바주 씨가 대꾸했다.

그러자, 막 잉어를 낚아 올린 모리소가 힘주어 말했다. "생각해보니, 정부가 있는 한 항상 저 모양일 겁니다!"

소바주 씨가 그 말에 반박했다. "하지만 공화정이었다면 전쟁을 선포하지 않았을 겁니다."

모리소가 다시 상대의 말을 막았다. "왕정이면 외국과 전쟁하고, 공화정이면 내전을 벌인다는 게 다를 뿐이죠."

두 사람은 천연덕스럽게, 온순하고 현실적인 안목을 가진 사람들의 특징인 건전한 상식을 바탕으로 정치문제를 논하기 시작했다. 두 사람은 한 가지 점에서 의견 일치를 보았다. 사람은 결코 자유로워질 수 없을 것이라는 점이었다. 그러는 와중에도 발레리앙 산에서는 끊임없이 폭음이 울렸다. 그 대포알들이 프랑스인들의 집을 부수었고, 남자들의 목숨을 가루로 만들었으며, 꿈과 희망과 행복을 파괴했다. 그리고 집에 남아 있는 아내들과, 딸들과, 어머니들의 가슴에 인정사정 없이 끝없는 비탄과 고통을 안기고 있었다.

P. 102 "인생이란 게 다 그렇지요!" 소바주 씨가 선언하듯 말했다.

"아니면, 차라리, 죽는 게 다 그렇다고 해야겠지요!" 모리소가 웃으며 대꾸했다.

그런데 갑자기 그들은 뒤에서 들리는 발소리에 질겁을 하며 몸을 떨었다. 뒤를 돌아보니 머리에 납작한 군모를 쓴 키가 크고 수염을 기른 군인 네 명이 보였다. 그들은 소총으로 두 낚시꾼을 겨냥하고 있었다.

두 사람의 낚싯대가 주인의 손에서 미끄러져 강물에 떠내려갔다.

눈 깜짝할 사이에 두 사람은 사로잡혀서 포박당한 몸이 되어 배 안에 나뒹굴었고, 강 건너 마랑트 섬으로 끌려갔다. 그들이 비어있다고 생각했던 음식점 뒤에 25명 가량의 독일 병사들이 숨어 있었던 것이다.

덩치 큰 털북숭이 남자 한 명이 의자에 앉아 긴 사기 파이프를 피고 있다가 두 사람에게 유창한 프랑스어로 물었다. "자, 신사분들, 고기는 많이 낚으셨나요?"

그 말에 한 병사가 물고기로 가득 찬 꾸러미를 장교의 발 밑에 탁 내려놓았다.

P. 103 프로이센 장교가 피식 웃었다. "나쁘지 않은데. 하지만 아직 할 이야기가 더 남아 있지. 놀라지 말고 들으시오. 내가 보기에 당신 둘은 우리를 정탐하러 보낸 스파이란 말씀이야. 스파이를 잡으면 그대로 총살시키는 게 당연하거든. 당신들은 진짜 임무를 감추기 위해 일부러 낚시질하는 척했던 거야. 이제 내 손에 잡으셨으니 마땅히 받을 벌을 받아야지. 전쟁이다 그런 거지, 뭐. 그런데 말이야, 당신들이 전초선을 통과해서 이리로 왔으니 돌아가기 위한 암호를 알고 있는 게 분명해. 나에게 그 암호를 말해주면 풀어 주겠소."

두 친구는 시체처럼 창백해져서 말없이 나란히 서 있었다. 파르르 떨고 있는 그들의 손만이 그들이 느끼는 공포를 말해줄 뿐이었다.

"아무도 이 일을 모를 거요." 장교가 말을 이었다. "당신들은 조용히 집으로 돌아가게 될 거고 당신들이 가고 나면 이 일도 비밀로 묻힐 거요. 만약 거부하면 당장 죽여버리겠소. 선택하시오!"

두 사람은 꼼짝 않고 서 있었다. 아무도 입을 열지 않았다.

프로이센 장교는 조금도 흐트러짐이 없는 목소리로, 손을 쭉 뻗어 강을 가리키며 계속 말했다. "5분 후에는 당신네들이 저 강 밑바닥에 가라앉아 있을 거라고 생각해 보시오.

P. 104 5분 후에 말이오! 당신들에게는 가족이 있을 텐데?"

발레리앙 산은 여전히 꽝꽝 울리고 있었다.

두 낚시꾼은 계속 침묵을 지켰다. 독일인은 몸을 돌려 자기 나라 말로 뭐라 명령을 내렸다. 그리고는 포로들에게서 너무 가까이 있지 않으려고 자신의 의자를 조금 뒤로 옮겼다. 12명의 군인들이 소총을 손에 든 채 앞으로 나와서 20보 정도 떨어진 곳에 자리를 잡았다.

장교가 말했다. "여러분에게 1분의 시간을 주겠소. 그 이상은 단 1초도 더 주지 않겠소."

이 말과 함께 장교는 벌떡 일어나서 두 프랑스인 쪽으로 오더니 모리소의 팔을 잡고 조금 떨어진 곳으로 데려가서 낮은 목소리로 말했다. "어서! 암호! 당신 친구는 아무것도 모를 거요. 내가 마음을 바꾼 척하면 되니까."

모리소는 아무 말도 하지 않았다.

프로이센 장교가 이번엔 소바주 씨를 옆으로 데리고 가서 그에게 같은 제안을 했다. 소바주 씨도 묵묵부답이었다.

두 사람은 다시 나란히 섰다. 장교는 명령을 내렸고, 군인들은 총을 들었다. 그때 우연히 모리소의 눈이 자신에게서 몇 발짝 떨어진 풀밭에 널브러져 있는, 물고기가 가득한 꾸러미로 향했다.

P. 105 아직도 꿈틀대는 물고기 위로 한줄기 햇빛이 쏟아져 물고기가 은색으로 빛났다. 그걸 본 모리소의 가슴이 무너져 내렸다. 감정을 억제하려는 노력에도 불구하고 그의 눈에 눈물이 고였다. "잘 가시오, 소바주 씨." 그가 말했다.

"잘 가시오, 모리소 씨." 소바주도 대답했다.

두 사람은 걷잡을 수 없는 두려움으로 머리부터 발끝까지 덜덜 떨면서 서로 악수를 나누었다.

장교가 소리쳤다. "발사!" 12발의 총알이 동시에 발사되었다.

소바주 씨가 앞으로 엎어졌다. 모리소는 조금 비틀거리다가 얼굴을 하늘로 향하고 친구 위에 가로질러 쓰러졌다. 그의 윗옷 가슴에 난 구멍에서 피가 스며 나오고 있었다.

독일인이 새로운 명령을 내렸다. 그의 부하들이 흩어지더니 순식간에 줄과 커다란 돌을 가지고 돌아왔다. 그들은 돌을 두 친구의 발에 묶은 다음 두 사람을 강둑으로 옮겼다.

이때쯤 꼭대기가 연기로 완전히 싸인 발레리앙 산에서는 여전히 폭음이 그치지 않았다.

P. 106 군인 2명이 모리소의 머리와 발을 잡았고, 또 다른 2명이 마찬가지로 소바주를 들었다. 힘차게 휘둘러진 두 시체는 멀리 던져졌다. 그리고 포물선을 그리면서 발부터 먼저 강물 속으로 떨어졌다. 강물이 높이 치솟았고, 물결이 일다가 잔잔해졌다. 잔물결이 강가로 밀려올 뿐이었다. 몇 줄기 핏자국이 강물 위에 떠돌았다.

처음부터 끝까지 침착을 잃지 않던 장교가 말했다. "이제 물고기들이 포식할 차례군!" 그리고 그는 다시 건물 쪽으로 걸어갔다.

P. 107 그때 문득, 잊혀진 채 풀 위에 나뒹굴고 있던 물고기 꾸러미가 장교에 눈에 들어왔다. 그는 꾸러미를 집어들고 살펴보더니 미소를 지으며 "빌헬름!"하고 외쳤다.

흰색 앞치마를 두른 군인이 왔다. 프로이센 장교는 총살당한 두 사람이 잡은 고기를 그 군인에게 던져주며 이렇게 말했다. "아직 살아 있을 때 이 생선을 당장 기름에 튀겨 와. 맛난 요리가 되겠는걸."

그리고 장교는 앉아서 다시 파이프를 피기 시작했다.

의자 고치는 여인

P. 110 사냥철의 시작과 더불어 열린 만찬이 거의 끝나갈 무렵이었다. 베르트랑 후작과 그의 손님들이 불을 환히 밝힌 식탁에 둘러앉아 있었다. 식탁은 과일과 꽃으로 덮여 있었다. 대화는 사랑에 관한 이야기로 이어졌다. 금세 열띤 토론이 벌어졌다. 토론의 주제는, 영원히 끝이 나지 않을 논쟁거리 즉, '사랑을 여러 번 하는 것이 가능한가?' 였다. 오직 한 번 사랑했던 사람들의 예가 제시되었고, 또한 여러 번 열렬한 사랑을 경험했던 사람들의 예도 제시되었다. 남자들 사이에서는, 열정이란 마치 병과 같아서 환자가 죽지만 않는다면 같은 사람을 여러 번 덮칠 수 있는 것이라는 데 의견이 모아졌다. 반면 여자들은 현실적 관찰보다는 시적 감흥에 근거해서, 사랑, 참된 사랑, 위대한 사랑은 인간에게 오직 한 번만 허용되는 법이라고 주장했다. 이런 사랑은 번개와 같다는 것이 여자들의 말이었다. 한번 부서진 마음은 피폐해져 버리며, 너무나 심하게 망가져서 다시는 그 어떤 강렬한 감정

도 뿌리내릴 수가 없다고 했다. 연애경험이 많은 후작은 이런 믿음에 동조하지 않았다.

P. 111 후작이 말했다. "온 마음을 다해서, 그리고 온 영혼을 다 바쳐서 몇 번이고 사랑할 수 있습니다. 사랑을 하는 사람들은 마치 술꾼과도 같습니다. 술을 한번 마셔본 사람은 또 마실 것이고, 언젠가 사랑을 해본 사람은 또 사랑할 것입니다. 그것은 기질과 관계된 문제입니다."

사람들은 마을의 나이 지긋한 의사를 심판으로 내세웠다. 의사도 그 문제가 사람의 기질과 연관이 있다며 후작의 편을 들어주었다.

의사가 덧붙여 말했다. "하지만 저는 개인적으로, 55년 동안 단 하루도 쉬지 않고 계속되었던 어떤 사랑을 알고 있어요. 오직 죽음만이 그 사랑을 끝냈을 뿐입니다." 이 말에 후작부인이 박수를 쳤다.

"정말 아름답네요! 아, 그런 사랑을 받는다면 꿈만 같을 거예요! 55년 동안이나 강렬하고 흔들림 없는 애정에 에워싸여 산다는 건 더 없는 행복이죠! 그러니 그 행복한 남자분은 평생 흠모를 받는 축복을 누렸겠군요!" 후작부인이 외쳤다.

의사가 웃음지었다. "맞습니다, 부인. 사랑을 받은 쪽이 남자였습니다. 여러분도 아시는 인물입니다. 바로 약제사 슈케 씨입니다.

P. 112 상대 여자도 여러분께서 잘 아시는, 해마다 이 성으로 의자를 고치러 오던 할머니랍니다."

열광하던 여자들은 잠잠해지고 말았다. 평민들의 사랑은 그들의 관심을 끌지 못했기 때문이었다. 의사는 이야기를 계속했다.

석 달 전 제가 그 할머니의 임종에 불려갔습니다. 신부님께서 이미 와계시더군요. 할머니가 우리에게 자신의 유언 집행인이 되어 달라고 했습니다. 우리가 할머니의 유언내용을 납득할 수 있도록 자신이 살아온 인생을 이야기해 주었습니다. 참으로 놀랍고도 감동스런 이야기였습니다. 할머니의 부모도 의자 고치는 사람들이었습니다. 할머니는 한번도 집에서 살아본 적이 없었답니다. 어린아이 시절에는 부모님을 따라 이곳저곳 떠돌아다니며 살았는데 더럽고 지저분하고 배고픈 시절이었다고 했습니다. 그들은 여러 마을을 전전했고 부모가 마을의 부서진 의자란 의자는 모두 모아다 수

선하는 동안 소녀는 말과 마차, 개와 함께 혼자 남겨져 있었습니다. 부모는 "의자요! 의자요! 의자 고치세요!"라고 외치는 것 외에 말도 별로 하지 않았 다더군요.

어린 딸이 부모가 있는 곳에서 너무 멀리 가기라도 하면, 돌아오라는 아 버지의 엄한 불호령이 떨어지곤 했지요. 그녀는 단 한번도 애정 어린 말을 들어본 적이 없었다고 합니다. 차츰 나이가 들면서 소녀는 망가진 의자들 을 가서 받아오거나 옮기는 일을 했습니다.

P. 114 소녀는 길에서 노는 아이들과 친해지기도 했는데, 하지만 그럴 때 마다 그 아이들의 부모들이 자식들을 불러들였고, 맨발로 돌아다니는 아이 따위와는 이야기하지 말라고 야단쳤습니다. 사내아이들은 종종 소녀에게 돌을 던지기도 했습니다. 가끔 어떤 자상한 부인이 그녀에게 몇 푼 쥐어주 기라도 하면, 소녀는 그 돈을 소중히 간직했습니다.

소녀가 11살이던 어느 날, 마을 묘지를 가로질러 걷던 소녀는 꼬마 슈케 를 만났습니다. 소년은 엉엉 울고 있었습니다. 소년과 함께 놀던 아이들이 그의 소중한 동전 두 닢을 빼앗았기 때문입니다. 소시민 계급 가정의 소년 이 슬피 우는 모습은 소녀의 마음을 아프게 했습니다. 그는, 소녀가 고생은 알지도 못할 거라고 상상하며 항상 부러워하던, 운 좋은 사람들 중 하나였 습니다. 소녀는 그에게 다가갔고, 소년이 구슬피 우는 이유를 알자마자 자 신이 모아두었던 돈을 모두 소년의 손에 쥐어 주었습니다. 소년은 냉큼 돈 을 받아 들고 눈물을 닦았습니다. 기뻐서 어쩔 줄 몰라 하며 소녀는 소년에 게 키스했습니다. 돈을 세어보느라 정신이 없었던 소년은 소녀가 그러도록 내버려 두었습니다. 자신을 피하지 않는 것을 안 소녀는 두 팔로 소년을 꼭 껴안았습니다. 그러고 나서 그녀는 달아났습니다.

소녀의 불쌍한 작은 머릿속에 대체 무슨 생각이 들었던 걸까요? 그녀는 그 소년을 미친 듯이 좋아하게 되었습니다. 그 이유는 소녀가 자신의 전 재 산을 다 털어 주었기 때문이었을까요? 아니면 처음으로 다정히 키스했던 상대이기 때문이었을까요?

P. 115 어른들에게나 아이들에게나 사랑은 정말 알다가도 모를 일입니다. 소녀는 몇 달 동안 그날의 묘지와 소년 꿈을 꾸었습니다. 소녀는 부모가 의 자를 고치고 번 돈에서 1수씩 슬쩍슬쩍 훔쳤습니다. 그녀가 묘지의 그 장

소로 다시 왔을 때 그녀의 주머니에는 2프랑이 있었습니다. 하지만 소년은 보이지 않았습니다. 소년의 아버지가 하는 약국을 지나다 소녀는 가게 유리창 너머로 소년의 모습을 보았습니다. 소년은 커다란 붉은색 단지와 푸른색 단지 사이에 앉아 있었습니다. 예쁜 색의 단지들을 보고 마음을 빼앗겨 버린 소녀는 소년을 사랑하는 마음이 더욱 깊어졌습니다. 소년의 그 모습이 그녀의 마음에서 지워지지 않았습니다. 그 이듬해 소녀는 학교 근처에서 구슬치기를 하고 있는 소년을 보았습니다. 그녀는 소년에게 달려가서 두 팔로 그를 안고 열정적인 키스를 퍼부었습니다. 그 바람에 소년은 대경실색하여 비명을 질렀지요. 소녀는 소년을 진정시키려고 자신이 가진 돈을 모두 주었습니다. 3프랑 20상팀이나 되는 돈이었습니다! 소년은 눈이 휘둥그레져서 그 엄청난 행운을 쳐다볼 뿐이었죠.

이 일이 있고 나서부터 소년은 소녀가 원하는 대로 키스하도록 내버려 두었습니다. 그 후 4년 동안 소녀는 돈을 모으는 족족 소년에게 가져다 주었고, 소년은 소녀가 키스하도록 내버려두는 대신 그 대가로 소녀의 돈을 가졌습니다.

P. 116 어떤 때는 30수이기도 했고 또 어떤 때는 2프랑이나 되기도 했습니다. 소녀에게 12수밖에 없었던 적도 있었습니다. (소녀는 창피한 마음에 구슬피 울었습니다. 그 해에는 장사가 잘 안 되었거든요.) 그 다음에는 5프랑을 큰 동전 하나로 가져왔는데 그걸 보고 소년은 신이 나서 웃었지요. 소녀에게는 소년 생각밖에 없었고, 소년도 소녀를 초조하게 기다렸습니다. 어떤 때는 그녀를 맞으러 달려 나가기도 했습니다. 그러면 소녀의 마음은 기쁨으로 쿵쿵 뛰었습니다. 그런데 갑자기 소년이 사라져 버렸습니다. 기숙학교에 들어간 것입니다. 소녀가 조심스레 묻고 다닌 결과 그 사실을 알아낸 거죠. 소녀는 부모를 설득해서 항상 다니던 여정을 바꾸어 방학 동안 다시 그 마을을 지나갈 수 있도록 애를 썼습니다. 근 1년이나 갖은 꾀를 다 쓴 끝에 소녀는 성공했습니다. 이미 2년이나 소년을 만나지 못했고, 그 사이 소년은 몰라보게 변해 있었습니다. 소년은 키가 훌쩍 크고, 더 잘생겨진 데다, 놋쇠 단추가 달린 교복을 입은 모습은 늠름하기 그지없었습니다. 소년은 소녀를 못 본 척했고, 심지어 눈길조차 돌리지 않고 지나쳤습니다. 그녀는 이틀 동안 울었고, 그때부터 그녀는 끊임없이 사랑하며 고통스러워했

습니다.

　소년은 매년 마을로 돌아왔고, 소녀는 그를 지나칠 때마다 감히 고개도 들지 못했습니다. 그는 그녀 쪽을 쳐다볼 생각도 하지 않았습니다.

P. 117 그녀는 그를 열렬히, 절망적으로 사랑했습니다. 할머니가 저에게 이렇게 말씀하시더군요. "그는 내가 만난 유일한 남자랍니다. 난 이 세상에 다른 남자들이 존재하는 줄도 몰라요." 그녀의 부모가 죽었습니다. 그녀가 부모의 일을 이어받았습니다.

　어느 날, 그녀는 슈케가 그의 약국에서 나오는 것을 보았습니다. 어떤 젊은 아가씨가 그의 팔에 기대고 있었습니다. 그의 아내였죠. 그날 밤 이 의자 고치는 여인은 강에 투신했습니다. 어떤 주정뱅이가 하나 그곳을 지나가다 그녀를 건져내서 약국으로 데려갔습니다. 젊은 슈케가 잠옷을 입은 채로 내려와 그녀를 치료했습니다. 모르는 여자인 척하며 그는 그녀의 옷을 벗기고 몸을 문질렀습니다. 그리고 쌀쌀맞은 목소리로 그녀에게 말했습니다. "정신 나갔군요! 이런 바보 같은 짓을 하면 안 됩니다." 그의 목소리를 들은 그녀가 의식을 회복했습니다. 그가 그녀에게 말을 건넨 것입니다! 그녀는 오랫동안 행복해 했습니다. 그녀가 한사코 치료비를 내겠다고 했지만 그는 돈 받기를 거부했습니다.

　그녀의 인생은 이런 식으로 흘러갔습니다. 그녀는 그를 생각하며 의자 수선 일을 했습니다. 그녀는 그의 약국에서 약을 사기 시작했습니다.

P. 118 그것이 그에게 말을 걸고 그를 가까이서 볼 수 있는 기회가 되었기 때문입니다. 이런 식으로 그녀는 그에게 계속 돈을 줄 수 있었던 거지요.

　제가 아까도 말씀드렸다시피, 할머니는 올 봄에 돌아가셨습니다. 자신의 가슴 아픈 이야기를 끝내고 나서 할머니는 저에게 자신의 돈을 자신이 사랑하던 남자에게 전해 달라고 간청했습니다. 자신이 일을 했던 단 한 가지 이유는 그에게 뭔가를 남겨주려고 했던 것뿐이라며 그러면 자신이 죽더라도 그가 자신을 기억할 것이 아니냐고 했습니다. 할머니는 저에게 2천 3백 27프랑을 건네 주셨고, 저는 그 돈에서 장례비용으로 신부님께 27프랑을 드렸습니다.

　다음날 아침, 저는 슈케 부부를 만나러 갔습니다. 그들은 아침식사를 마치고 있었습니다. 서로 마주 앉은 부부는 살찐 몸에 혈색이 좋았으며 거드름이 묻어나는 만족스런 얼굴을 하고 있었습니다. 그들은 저를 반갑게 맞아 술을 권했고, 저도 받아 마셨습니다. 그런 다음 저는 떨리는 목소리로 제가 들은 이야기를 전해 주었습니다. 그들도 감동을 받아 어쩌면 눈물까지 흘릴 거라 믿었습니다. 슈케는 자신이 그동안 내내 '그 따위 부랑자, 의자 고치는 여자, 그 떠돌이'에게 사랑 받고 있었다는 걸 알자마자, 불같이 화를 내며 욕설을 내뱉었습니다. 마치 자신의 체면이, 목숨보다도 값진 소중한 체면이 실추되었다는 투였습니다. 화가 치민 그의 아내도 연거푸 이렇게 말하더군요. "그 거지 같은 것! 그 거지가!"

남자는 제게 이렇게 말했습니다. "이렇게 끔찍한 일이 가당하기나 합니까, 의사 선생님?

P. 119 오, 내가 만일 그 여자가 살아 있는 동안 이 사실을 알았다면, 그 여자를 감옥에 집어넣었을 겁니다."

저는 기가 막혔습니다. 무슨 생각을 해야 할지, 무슨 말을 해야 할지 알 수 없었지만 제가 맡은 임무는 완수해야 했습니다. 제가 말했습니다. "그분께서 저에게 부탁하시기를, 그동안 모아오신 돈을 선생께 전해 달라고 하셨습니다. 2천 3백 프랑에 달하는 돈입니다. 하지만 제가 방금 전해 드린 말씀에 심기가 매우 불편하신 모양이니, 선생께서는 이 돈을 차라리 가난한 사람들에게 주는 것을 더 바라시겠군요."

부부는 놀라 할 말을 잃은 얼굴로 저를 쳐다보았습니다. 저는 주머니에서 동전과 금화가 잔뜩 뒤섞인 돈을 꺼냈습니다. 그리고 그들에게 물었습니다. "어떻게 하시겠습니까?"

슈케 부인이 먼저 입을 열었습니다. "글쎄요, 죽어가는 사람이 남긴 유언이라니 거절하기는 어렵겠군요."

그 남편도 좀 겸연쩍은 태도로 덧붙였습니다. "그 돈으로 우리 아이들에게 뭔가 사줄 수도 있겠네요."

저는 무뚝뚝하게 대답했습니다. "그렇게 하시든지요."

P. 120 남자가 말했습니다. "어쨌든 그 돈을 우리에게 주십시오. 그 여자가 선생께 그렇게 부탁했다니 말입니다. 우리가 좋은 일에 쓸 방법을 찾아보겠습니다."

저는 그 돈을 그들에게 건네준 후, 인사를 하고는 물러나왔습니다.

다음날 슈케가 저에게 와서 퉁명스럽게 물었습니다. "그 여자에게 마차가 있었는데요. 그것은 어떻게 하셨습니까?"

"어떻게 하긴요. 원한다면 가져가십시오."

"그게 바로 내가 바라는 겁니다." 남자는 이렇게 말하더니 나갔습니다. 제가 그를 다시 불러 말했습니다. "고인께서는 늙은 말과 개 두 마리도 남기셨습니다. 그것도 원하십니까?"

남자는 놀란 눈으로 저를 쳐다보더니 "아, 아닙니다! 사실, 내가 그걸 가져다가 뭘 하겠습니까?"라고 했습니다.

"선생 뜻대로 하십시오."

P. 121 남자는 웃더니 저에게 손을 내밀었습니다. 내키진 않았지만 저는 그와 악수했습니다. 달리 어쩔 수 있었겠습니까? 시골마을의 의사와 약제사가 서로 원수처럼 지낼 수는 없는 일이지요. 개들은 제가 맡았습니다. 늙은 말은 신부님이 데려갔습니다. 슈케는 마차로 오두막을 지었고, 그 돈으로는 철도 주식을 샀습니다. 이것이 제 평생 유일하게 접해본 깊고 진심 어린 사랑입니다.

이야기를 마친 의사는 고개를 들었다. 후작부인은 눈물이 그렁그렁한 눈으로 한숨을 내쉬고 나서 이렇게 말했다. "여자들만이 참다운 사랑을 할 줄 안다는 말이 틀린 말이 아니군요."

테리에 집

1장

P. 124 매일 밤 11시경이 되면 많은 사람들이 마치 무슨 술집에라도 가듯 테리에 부인 집으로 향했다. 이들은 방탕한 남자들이 아니라 마을의 상인이나 젊은이들 같은 건전한 사람들이었다. 그곳에서 하는 일은 술을 마시면서 여자들과 노닥거리거나, 아니면 다들 존경으로 대하는 테리에 부인과 사뭇 진지한 이야기를 나누는 것이다. 그러다가 대부분 12시 전에 귀가했

다. 젊은 축들은 그보다 더 늦게까지 남아있는 경우도 있었다.

그곳은 생 테티엔느 성당 뒤쪽 길거리 한 모퉁이에 있는 노란색 페인트 칠을 한 작고 아늑한 집이었다. 그 집의 창문에서는 짐을 부리는 배들로 가득한 부두가 한눈에 내다보였다.

테리에 부인은 노르망디의 꽤 유복한 자작농 집안 출신이었다. 그녀는 여성용 모자 제조인이나 여성복 재단사가 되는 것만큼이나 자연스럽게 지금의 직업을 택하게 되었다. 대도시 사람들이 가지고 있는 뿌리 깊은 편견이 이런 노르망디 시골에는 존재하지 않는다. 땅을 소유한 농부들은 이 일을 벌이가 좋은 사업으로 여겨서, 자신의 딸에게 이런 종류의 업소를 경영하라고 부추기는 것이다. 이런 사업도 여학교 운영만큼이나 거리낄 것이 없다고 생각하기 때문이다.

P. 125 부인은 아저씨뻘 되는 친척으로부터 이 업소를 물려받았다. 테리에 부부는 예전에는 이브토 근처에서 여관을 운영했었다. 그러다가 페캉에 가서 이 새로운 사업을 하는 것이 더 수지맞을 거라는 생각에 그들은 당장 살던 집을 팔았다. 그리고는 어느 날 아침 페캉에 와서 사업을 인수받았다. 부부는 그 나름대로 좋은 사람들이었기에 오래지 않아 종업원들이나 이웃들로부터 호감을 얻었다.

테리에 씨는 2년 후 뇌졸중으로 죽었다. 새롭게 시작한 사업 때문에 운동량이 부족해져서 살이 많이 찐 탓이었다. 부인이 홀몸이 되자 업소의 단골들은 그녀를 가엾게 여겼다. 사람들은 그녀가 사람 자체는 정숙한 여자라고 여겼고, 심지어는 그 집에서 일하는 여자들도 부인에게서 나쁜 행실의 낌새를 전혀 느낄 수 없었다. 부인은 키가 크고 제법 살집이 있는 싹싹한 여자였다. 덧문을 열어놓는 일이 거의 없는 어두컴컴한 집 안에만 주로 있다 보니 안색이 매우 창백한 편이었지만, 마치 니스 칠을 한 듯 얼굴에서 윤이 났다.

P. 126 그녀는 곱슬거리는 가발을 썼는데, 이 때문에 실제보다 젊어 보였다. 그녀는 항상 미소 띠고서 명랑하게 행동하며 농담을 즐겼다. 그러나 얌전을 빼는 면도 있었다. 상스러운 말을 들으면 언제나 화들짝 놀랐고, 어떤 버릇없이 자란 젊은이가 그녀의 업소를 매음굴이라고 부르면 화를 내며 역겨워했다.

한마디로 부인은 고상한 마음의 소유자였고, 자신의 집에서 일하는 여자들을 친구처럼 대하기는 했지만, 종종 "저 아이들과 나를 같은 부류로 생각한다면 곤란해요."라고 말했다.

부인은 가끔 주중에 마차를 빌려 여자들을 태우고 시골로 소풍을 나가 작은 냇가 잔디밭에서 신나게 놀기도 했다. 그들은 학교 파하고 놀러 나온 한 무리의 소녀들처럼, 달리기 시합을 하기도 하고, 아이들이나 하는 놀이를 하기도 했다. 여자들은 싸온 음식으로 잔디 위에 만찬을 벌이고 사과주를 마시고, 해가 저물어서야 기분 좋게 지친 몸으로 집으로 향했다. 돌아오는 마차 안에서 여자들은 다정하기 이를 데 없는 인자한 어머니에게 하듯이 테리에 부인에게 키스를 퍼부었다.

그 집에는 입구가 두 개 있었다. 거리 모퉁이 쪽 입구는 주점으로 꾸며놓았는데 뱃사람들이나 노동자들이 밤에 와서 술을 마셨다.

P. 127 2명의 여자가 그쪽 일에 배정받아 손님들의 시중을 들었다. 키가 작고 수염 없는 얼굴에 황소처럼 기운이 센 프레데릭이라는 종업원이 그녀들을 도왔다. 그들은 손님이 오면 포도주가 반쯤 담긴 병과 맥주병을 뒤뚱대는 나무 탁자에 올려놓고 남자들에게 연거푸 술을 권했다.

그 집에서 일하는 여자는 모두 5명이었는데, 다른 3명의 여자들은 일종의 귀족계급을 형성하고 있었다. 이들은 아래층이 유난히 바쁘고 2층에 손님이 전혀 없을 때를 제외하고는 줄곧 2층에서 지냈다. 2층의 주피터 실(室)로 불리는 응접실은 푸른색으로 칠해져 있었고, 레다가 백조를 안고 있는 커다란 그림이 걸려 있었다. 그 방은 좁은 문을 통해 길로 연결되어 있어서, 나선형계단을 올라오기만 하면 바로 들어올 수 있었다. 이 문 위에는 밤새도록 등불이 켜져 있었다.

낡고 습기가 차 있는 그 집은 희미하게 곰팡이 냄새가 났다. 가끔은 복도에서 싸구려 향수 냄새가 나기도 했다. 반쯤 열린 아래층 문을 통해서 때로 서민 남자들이 떠들썩하게 웃는 소리가 2층까지 들렸고, 그러면 위층의 상류계급 남자들은 진저리를 쳤다.

P. 128 테리에 부인은 손님들과 사이 좋게 지냈고, 읍내에서 돌아가는 일들에 관심이 많았다. 손님들은 그녀에게 꼬박꼬박 온갖 소식을 전해다 주었다. 쉴 새 없이 조잘대는 세 여자 소리를 듣다가 부인과 진지한 대화를

나누면 기분전환이 되었다.

2층에서 일하는 여자들의 이름은 각각 페르낭드, 라파엘, 로자였다. 일하는 여자들이 적었으므로, 테리에 부인은 여자들이 각각 여성 유형 하나씩을 완벽히 대변하도록 조치했다. 그래야 모든 손님이 자신의 이상형에 가장 가깝다고 생각하는 여자를 고를 수 있었다.

페르낭드는 금발 미인을 대표하고 있었다. 그녀는 키가 매우 크고 토실토실하고 게으른 시골처녀였는데 얼굴의 주근깨는 아무리 해도 없어지지 않았다.

마르세이유 출신인 라파엘은 날씬한 갈색 머리 미인 역을 맡고 있었는데, 도드라진 광대뼈 위에 볼연지를 잔뜩 바르고 있었다. 오른쪽 눈 속에 있는 반점만 아니었더라면 아름다운 눈이 될 뻔했다. 매부리코가 각진 턱 위까지 늘어져 있었고, 윗니에 해 넣은 의치 두 개가 거무튀튀한 색의 나머지 치아와 대조를 이루고 있었다.

P. 129 로자는 통통하고 다리가 매우 짧았다. 그녀는 아침부터 밤까지 계속 처량맞거나 외설스런 노래를 부르거나, 길고 멍청한 이야기를 늘어놓았는데, 오직 먹을 때만 입을 다물었다. 무거운 체중과 짧은 다리에도 불구하고 한시도 가만있지 않고 다람쥐처럼 요리조리 누비고 다녔다. 그녀의 찢어지는 듯한 웃음소리가 방 안이나, 다락방, 그리고 주피터 실 어디서나 끊임없이 들렸다.

1층의 두 여자는 루이즈와 플로라였다. 루이즈는 항상 자유의 여신처럼 꾸미고 삼색 띠를 허리에 둘렀다. 플로라는 조금 절룩거렸고, 스페인 여자처럼 머리에 구리 동전을 엮어서 쓰고 다녔는데 뒤뚱거릴 때마다 쟁그랑 소리를 냈다. 두 여자는 영락없이 축제 가려고 꾸민 부엌데기 꼴이었다. 그들은 나머지 하층민 여자들을 대변했다.

이들 5명의 여자들 사이에 질투에서 비롯된 긴장감이 돌았지만 나름대로 평화가 유지되었는데, 테리에 부인이 항상 융화를 꾀하면서 명랑하게 대하는 덕분이었다. 그리고 이런 종류의 업소로는 이 작은 읍에서 이 집이 유일했기 때문에 정신 없이 바빴던 까닭도 있었다.

P. 130 그 집이 겉보기에는 고상해 보였고, 또한 테리에 부인이 워낙 상냥하고 인정 많은 사람이었기 때문에 사람들은 일종의 존경심을 가지고 그녀

를 대했다. 단골손님들은 그녀에게 돈을 아끼지 않았고, 그녀가 특별히 친하게 굴면 기분 좋아했다. 사람들은 낮에 서로 길에서 만나면 으레 "오늘 저녁, 어딘지 알지?"라고 말했다. 마치 남자들이 "저녁 먹고 그 술집에서 보세."라고 말하는 식이었다. 간단히 말해서, 테리에 부인의 집은 꼬박꼬박 다니는 곳이었고, 사람들은 매일 밤 그 회합에 빠지는 일이 드물었다.

5월이 끝나가던 어느 날 저녁, 목재상이며 한때 읍장이었던 풀랭 씨가 맨 먼저 도착해보니 문이 닫혀 있었다. 등불도 꺼져 있는데다가, 집 안에는 인기척 하나 없었고, 쥐 죽은 듯 고요했다. 그는 처음엔 문을 살살 두드려보다가, 나중엔 세게 쾅쾅 쳤다. 하지만 아무도 나오지 않았다. 할 수 없이 그는 어슬렁어슬렁 거리를 걸어 올라갔고, 시장까지 왔을 때, 같은 곳으로 향하고 있던 선주(船主) 뒤베르 씨와 마주쳤다. 두 사람은 함께 되돌아가 보았지만, 문은 여전히 잠겨 있었다. 그런데 갑자기 요란한 소리가 들렸고, 영국인과 프랑스인 뱃사람 한 패거리가 덧문이 내려져 있는 주점 쪽 창문을 주먹으로 부서져라 두드리고 있는 것이 보였다.

P. 131 두 중산층 신사는 곧바로 자리를 피했다. 그들은 생선도매상 투르느보 씨를 만났다. 두 사람이 무슨 일이 있었는지 말해 주었더니 투르느보는 몹시 짜증을 냈다. 그도 그럴 것이 그는 결혼한 몸인데다 아이들까지 딸려 있어서 토요일밖에는 올 수가 없었던 것이다. 토요일 저녁이 그가 정해 놓고 가는 날이었는데, 이제 그 재미를 놓치면 꼬박 일주일을 기다려야 하는 것이다.

세 남자는 함께 멀리 선창까지 걸어가다가, 은행가의 자제이며 역시 그곳에 정해놓고 들락거리는 필리프 군과, 징세관인 팡페스 씨를 만났다. 그들은 모두 함께 다시 그 집으로 가보았다. 하지만 성난 뱃사람들이 덧문에다 돌을 던지며 고함을 치고 있을 뿐이었고, 이들 5명의 2층 손님들은 최대한 재빨리 그곳을 벗어나 목적지 없이 거리를 돌아다녔다.

곧 그들은 보험중개인인 뒤퓌 씨와 상거래재판소 판사인 바스 씨를 차례로 만났다.

P. 132 그들은 모두 함께 한참 산책을 하다 부두까지 걸어가서 화강암 흉벽에 일렬로 나란히 걸터앉아 밀물을 바라보았다.

투르느보 씨가 말했다. "따분한 노릇이군요!"

"정말 그래요." 팡페스 씨가 대꾸했고, 그들은 다시 걷기 시작했다. 이렇게 할 일 없이 걷기를 계속하다 광장 쪽으로 돌아왔을 때, 징세관 팡페스 씨와 생선도매상 투르느보 씨 사이에 말다툼이 불거졌다. 둘 중의 한 사람이 근방에서 보았다고 하는 어떤 식용버섯을 두고 이야기하다 그렇게 된 것이었다.

둘 다 이미 기분이 상할 대로 상해 있었기 때문에 다른 사람들이 끼어들어 말리지 않았더라면 자칫 주먹다짐까지 할 뻔했다. 팡페스 씨가 화가 나서 가버리고 얼마 지나지 않아 이번엔 전 읍장인 풀랭 씨와 보험중개인 뒤 퓌 씨가 말다툼을 벌였다. 둘 사이에 모욕적인 언사가 마구 오가고 있을 때, 와 하는 요란한 함성이 들렸다. 문 닫은 술집 밖에서 하염없이 기다리는 것이 싫증난 뱃사람들이 광장으로 몰려온 것이었다. 그들은 두 사람씩 팔짱을 끼고 긴 행렬을 지어서 소리소리 지르며 걷고 있었다. 읍내 사람들은 문간에 몸을 숨겼고, 악을 쓰던 뱃사람들은 지나갔다.

P. 133 그들이 내는 소음이 한참 들리다가 멀리서 폭풍이 물러가듯 잦아들었고, 다시 사방이 조용해졌다. 서로 으르렁거리던 풀랭 씨와 뒤퓌 씨는 서로 작별인사도 없이 각각 다른 방향으로 가버렸다.

나머지 네 사람은 다시 걷기 시작했고, 발걸음은 본능적으로 테리에 부인의 업소로 향했지만 문은 아직도 닫혀 있었다. 그들은 집으로 돌아가기로 했다.

시끄러운 뱃사람 패거리들이 길 끝에서 다시 나타났다. 프랑스인 뱃사람들은 '라 마르세예즈'를, 영국 뱃사람들은 '룰르, 브리타니아!'를 고래고래 부르고 있었다. 그러더니 두 패거리 사이에 싸움이 벌어졌다. 영국인 한 명의 팔이 부러졌고 프랑스인 하나는 코가 깨졌다.

시끄럽던 마을이 차츰 조용해졌다. 여기저기서 때때로 사람들 소리가 들리다가 멀어지면서 사라졌다.

P. 134 단 한 사람, 생선도매상 투르느보 씨만이 아직도 서성거리고 있었다. 그는 다음주 토요일까지 기다려야 하는 것에 부아가 났고, 혹시 무슨 일이라도 생기지 않을까 기대하고 있었다. 그가 되돌아가 보았더니 어떤 술 취한 노동자 한 명이 주점 밖에 앉아서 훌쩍훌쩍 울고 있었다. 문을 닫은 까닭이나 알까 해서 투르느보 씨가 벽을 살펴보니 덧문에 알림글이 붙

어 있는 것이 보였다. 그는 성냥불을 켜서, 크고 비뚤비뚤한 글씨로 쓴 내용을 읽었다.

첫영성체가 있는 관계로 영업을 쉽니다.

더 남아 있어 봐야 소용이 없다는 것을 안 그는 자신의 집으로 발길을 돌렸다.

다음날, 단골손님들은 모두 일부러 핑계를 만들어서 차례차례 이 업소 앞을 지나갔다. 그리고 그 이해할 수 없는, '첫영성체가 있는 관계로 영업을 쉽니다.' 라는 알림글을 슬쩍슬쩍 훔쳐보았다.

2장

P. 135 테리에 부인에게는 조제프라는 남동생이 한 명 있었는데 고향 비르비유에서 목수일을 하고 있었다. 부인이 이브토에서 여관을 하던 시절이 남동생의 딸아이에게 대모가 되어주었는데, 이 딸아이는 콩스탕스, 즉 콩스탕스 리베라는 세례명을 받았다. 조제프는 누나 사업이 잘 된다는 걸 알고 있었고, 둘 다 각자의 장사에 매여 집을 떠날 수 없는 데다 서로 멀리 떨어져 살고 있긴 했지만 그는 누나와 계속 연락하고 있었다. 그런데 딸아이가 12살이 되어 처음으로 영성체를 할 때가 오자, 그는 이 기회를 빌어 누나에게 편지를 써서 자기 집으로 와서 이 행사에 참석해 달라고 했다. 그들의 부모는 이미 오래 전에 작고한데다 대녀의 일을 몰라라 할 수가 없어서 부인은 그 청을 받아들였다. 누나에게는 자식이 없었으므로, 조제프는 누나가 조카딸에게 재산을 상속한다는 유언장을 남기지 않을까 하는 바램을 가지고 있었다.

P. 136 그는 누나가 하는 사업의 성격에 전혀 신경 쓰지 않았다. 게다가 어쨌거나 비르비유 사람들은 누나가 하는 일을 전혀 알지 못했다. 사람들이 누나 이야기를 꺼내더라도 그저 '테리에 부인은 페캉에서 잘 살고 있다.' 정도였다. 그 말이면 사람들은 부인이 개인연금으로 살고 있다는 뜻으로 알아들었다. 페캉부터 비르비유까지는 80킬로미터 거리였고, 시골사람

에게 육로로 80킬로미터는 도시인의 대양횡단과 맞먹는 긴 여행이었다. 비르비유 사람들은 루앙보다 더 멀리는 나가본 적이 없었고, 페캉 사람에게도 들판 한가운데 5백여 가구가 모여 사는 것이 고작인 시골마을은 관심 밖이었다. 따라서 부인이 하는 사업에 대해서는 아무것도 알려진 바가 없었다.

첫영성체가 다가옴에 따라, 테리에 부인은 매우 난처해졌다. 자신을 대신해 업소를 맡아줄 사람이 없었고, 있다 해도 단 하루도 집을 비우고 싶지 않았기 때문이었다. 위층 여자들과 아래층 여자들 사이의 경쟁의식이 불거져서 일이 생길 것이 분명했다. 거기다 프레데릭은 술에 취해서 사소한 말 하나에도 아무나 때려눕힐 것이 뻔했다. 생각다 못해 결국 부인은 프레데릭을 빼고 여자들을 모두 데리고 가기로 결심했다. 프레데릭에게는 휴가를 주었다.

부인이 여자들을 데리고 가도 되겠냐고 물었을 때 그녀의 남동생은 그렇게 하라고 했다.

P. 137 그는 일행을 하룻밤 재워 주기로 했고, 따라서 테리에 부인과 그녀의 일행은 토요일 아침 8시 기차 이등칸을 타고 출발했다. 뵈즈비유까지는 다른 승객이 없었기 때문에 여자들은 시끄럽게 떠들어댔다. 하지만 뵈즈비유 역에서 한 부부가 올라탔다. 남편은 낡은 실크해트를 쓴 나이 지긋한 농부였는데 한 손에는 엄청나게 큰 초록색 우산을, 다른 손에는 큼직한 바구니를 들고 있었다. 바구니 위로 겁에 잔뜩 질린 오리 세 마리가 머리를 쏙 내밀고 있었다. 농부의 아내는 코가 마치 새 부리처럼 뾰족해서 암탉 같은 얼굴을 하고 있었다. 그녀는 남편 맞은편에 꼿꼿하게 앉아 꼼짝도 하지 않았는데, 그렇게 화려하게 차려입은 사람들 틈에 끼게 되어 깜짝 놀란 표정이었다.

사실 기차 객실 안은 온갖 알록달록한 색으로 가득했다. 테리에 부인은 푸른색 비단으로 머리부터 발까지 감싼데다, 눈이 부실 정도의 빨간색 캐시미어 숄을 두르고 있었다. 페르낭드의 드레스는 알록달록한 격자무늬였다. 라파엘은 깃털로 덮인 보닛에 얼룩덜룩 금박 무늬가 있는 연보라 드레스를 입고 있었다. 분홍색 치마를 입은 로자는 토실토실하기 이를 데 없는 어린아이 같은 모양이었다. 한편 나머지 두 주점 담당 여자들이 입은 옷은

구식 커튼을 잘라 만들었다고 해도 믿을 정도였다.

P. 138 객실 안에 다른 승객이 들어오자 여자들은 이내 엄숙해져서 남이 들으면 고상하다고 할 만한 화제로 떠들기 시작했다. 그런데 기차가 볼베크에 섰을 때 구레나룻을 기르고 금줄을 늘이고, 반지도 두세 개나 낀 한 신사가 올라타더니 몇 개나 되는 짐을 머리 위 선반에 올려놓았다. 그는 장난기 많고 친절해 보였다.

"숙녀분들께서는 주둔지를 옮기시는 겁니까?" 남자가 이렇게 묻자 여자들은 모두 당황해서 어쩔 줄 몰랐다. 하지만 테리에 부인은 재빨리 마음을 가다듬고 퉁명스럽게 대꾸했다. "말씀 좀 삼가주세요!"

남자가 말했다. "실례했습니다. 수녀원이라고 말씀드렸어야 했는데 말입니다."

부인은 이 말에 대꾸할 말이 떠오르지 않았다. 하지만 이미 할 말은 했다고 생각했으므로 남자를 향해 도도하게 고개를 까딱한 다음, 입술을 오므렸다.

잠시 후, 로자와 늙은 농부 사이에 앉아 있던 그 신사는 바구니에서 고개를 내밀고 있는 오리들에게 윙크하기 시작했다. 객실 안의 사람들이 모두 자신을 보고 있는 것을 느끼자 그는 오리들의 부리 밑을 간질이면서 익살스런 목소리로 지껄였다. "우리가 살던 작은 연못을 떠나왔답니다.

P. 139 꽥! 꽥! 호수로 놀러 가려고요, 꽥! 꽥!"

불쌍한 오리들은 그의 간지럼을 피하려고 목을 이리저리 움직였고, 바구니에서 빠져 나오려고 몸부림을 쳤다. 그러다 느닷없이 오리들이 한꺼번에 고통에 겨운 듯 서글프게 꽥꽥거렸다. 여자들에게서 웃음보가 터졌다. 그들은 더 자세히 보려고 몸을 앞으로 빼면서 서로 밀치고 난리였다. 여자들이 오리에게 정신을 빼앗기자 신사는 더욱 익살을 떨었다.

로자가 신사의 다리 위로 몸을 굽혀 오리 3마리의 머리에 키스하자, 곧 여자들 모두 오리에게 키스하겠다고 나섰다. 농부 부부는 자신들의 오리들보다도 더 넋이 나가 있었다. 두 사람은 마치 귀신에 홀린 사람들처럼 눈알을 이리저리 굴릴 뿐, 그들의 늙고 주름진 얼굴은 웃음기나 실룩거림 하나 없이 굳어져 있었다.

사실 행상이었던 이 신사는 이제 여자들에게 양말대님을 권했다.

P. 140 그는 자신의 보따리 중 하나를 열었는데 그 안에는 파랑, 분홍, 빨강, 보라, 그리고 연보라 색 비단 양말대님이 잔뜩 들어 있었다. 고리는 쇠로 된 큐피드 두 개가 서로 껴안고 있는 모양이었다. 여자들은 환호성을 올리며 양말대님을 들여다 보았다. 그들은 새 옷을 고르는 여자라면 누구나 그렇듯이 진지하게 대님들을 구경했다. 그들은 눈빛을 교환하거나 귓속말을 해가며 서로 의견을 구했다. 테리에 부인은 갖고 싶은 얼굴로 다른 것들보다 더 넓적하고 당당해 보이는 오렌지색 대님 한 짝을 만지작거리고 있었다. 잘나가는 업소의 여주인의 양말대님으로 아주 제격이었다.

꿍꿍이속이 있는 신사는 기다리고 있었다. 그가 입을 열었다. "자, 귀여운 아가씨들, 다리에 차 봐야 해요."

요란한 비난의 함성이 터져 나왔고, 여자들은 항의의 표시로 속치마를 다리 사이에 쑤셔 넣었다. 하지만 남자는 조용히 기다리고 있다가 이렇게 말했다. "뭐, 입어보지 않으시겠다면 다시 꾸려 넣을 수밖에요."

그는 교활하게 한마디 더 보탰다. "입어보시는 분께는 원하시는 것 한 켤레를 공짜로 드려요."

여자들은 어림도 없다는 듯이 꼿꼿이 앉아 점잖은 척하고 있었다.

그런데 두 주점 담당 여자들이 너무나 애타는 표정을 짓고 있어서 남자는 그들에게 자신의 말대로 해보라고 다시 한 번 부추겼고, 둘 중에서도 특히 플로라가 관심을 보였다.

P. 141 그가 재촉했다. "자, 아가씨, 용기를 내라고! 이 연보라 대님을 봐요. 아가씨 드레스에 아주 멋지게 어울리겠는걸."

그 말에 플로라는 결심을 굳혔다. 그녀는 드레스를 걷어올려 목장에서 일하는 여자처럼 튼실한 다리 한쪽을 내보였다. 다리에는 헐렁헐렁하고 형편없는 스타킹이 신겨져 있었다. 행상은 몸을 구부려 대님을 다리에 끼웠다. 그리고 나서 남자는 플로라에게 연보라 대님을 주었다. "다음은 누구 차례?" 남자가 물었다.

"나요! 나요!" 여자들이 한꺼번에 소리쳤고, 남자는 로자부터 시작했다. 로자는 퉁퉁해서 발목도 보이지 않는 둥그런 다리를 내놓았다. 라파엘이 항상 말하듯이 정말 '소시지 다리' 같았다.

마지막으로 테리에 부인이 근육이 잡힌 아름다운 다리를 내보였다. 행상은 즐거워하면서, 마치 자신이 진짜 프랑스 신사나 된 듯 정중한 태도로 모자를 들어올려 다리에 경례를 붙였다.

기가 막혀 말도 나오지 않는 농부 부부는 한쪽 눈으로 힐끔거리며 곁눈질을 하였다. 그런 부부의 모습이 영락없이 닭의 꼴을 하고 있었기 때문에 행상이 "꼬-꼬-댁!"하고 외쳤다.

P. 142 그 때문에 또 한 번 요란한 폭소가 터졌다.

노부부는 바구니와 오리들과 우산을 챙겨 들고 모트비유에서 내렸다. 내리면서 아내가 남편에게 "저 사람들은 그 몹쓸 곳 파리로 가는 거예요. 못된 것들은 다 그리로 가잖아요."라고 말하는 소리가 들렸다.

익살맞은 행상은 도에 넘치게 추저분하게 구는 바람에 참다 못한 테리에 부인이 따끔하게 제 분수를 일깨워 주었고, 그 후 루앙에서 내렸다.

여자들은 우아셀에서 기차를 갈아타고 좀 더 가다가 한 작은 역에서 내렸는데, 조제프 리베 씨가 의자가 잔뜩 달린, 흰 말이 끄는 커다란 수레를 끌고 마중 나와 있었다.

목수 리베 씨는 예의를 갖춰 여자들 모두에게 키스를 하고 수레에 타는 것을 도와주었다. 여자 세 명은 뒤쪽 의자에 앉았고 라파엘과 테리에 부인, 그리고 부인의 남동생은 앞쪽 의자에 앉았다. 자리가 없는 로자는 키가 큰 페르낭드의 무릎 위에 최대한 편한 자세로 걸터앉았다. 이윽고 수레가 출발했다.

그런데 말이 뒤뚱거리며 달리기 시작하자 수레가 심하게 덜컹거리는 바람에 의자들이 춤을 추기 시작했고, 승객들은 오른쪽 왼쪽으로 이리저리 흔들렸다. 여자들은 비명을 질러댔다.

P. 144 여자들은 수레 양 옆에 매달렸고, 그들의 보닛이 등 뒤로, 얼굴 위로, 그리고 어깨 위로 떨어졌다. 길 양쪽으로 초록색 들판이 펼쳐져 있었다. 그리고 수레는 들꽃이 화려하게 수를 놓은 들판을 가로질러 달렸다. 그러다가 농장 나무들 뒤로 사라졌나 싶으면 이내 다시 나타나 빨간색이나 파란색이 군데군데 보이는 노랑과 초록의 농작물 사이를 누비며 달렸다.

리베 씨의 집 앞에 도착할 때 1시를 알리는 종이 쳤다. 여자들은 지친데다 허기가 져서 안색이 파리했다. 집을 나선 이후 아무것도 먹지 못했던 것이다. 리베 부인이 달려 나와 여자들이 수레에서 내리기가 무섭게 차례대로 키스했다. 그리고 시누이인 테리에 부인에게는, 키스하는 것에 절대 질리지 않을 사람처럼 키스를 퍼부었다. 그들은 작업실에서 점심을 들었다. 작업실은 다음날의 잔치를 위해 깨끗이 치워져 있었다.

오믈렛에 이어 톡 쏘는 사과주 소스를 듬뿍 뿌린 훈제 햄을 먹고 나자 다들 기분이 좋아졌다.

여자들은 주인공인 소녀를 만나고 싶어했지만, 성당에 간 소녀는 저녁때까지 돌아오지 않을 거라고 했다. 그래서 그들은 들판으로 산책을 나갔다. **P. 145** 그곳은 작은 마을이었고, 한길이 마을을 가로질러 나 있었다. 마을에서 유일한 이 길거리 양 옆에는 열두어 채 되는 건물들이 늘어서 있었는데, 이들은 각각 하나씩밖에 없는 푸줏간, 식료품점, 목수집, 여관, 구둣방, 빵집 등의 상점이었다.

길 끝에 성당이 있었고, 네 그루의 거대한 보리수가 성당에 완전히 그늘을 드리우고 있었다. 성당을 지나면 다시 탁 트인 들판이었다.

리베는 비록 작업복 차림이었지만 신사처럼 누나에게 팔을 내주고 점잔을 빼며 걷고 있었다. 그의 아내는 라파엘과 페르낭드 사이에서 걸었는데, 금색 실로 수를 놓은 라파엘의 드레스에 정신이 팔려 있었다. 그리고 통통한 로자는 루이즈와 플로라와 함께 뒤처져서 종종걸음으로 걸었다. 특히 플로라는 기진맥진한 모습으로 절룩거리며 따라왔다.

마을사람들이 문가로 나왔고, 마을아이들도 놀던 것을 멈추었으며 창문 커튼들이 올라갔다. 목발을 짚은, 눈이 거의 멀다시피 한 나이든 여인은 마치 종교 행렬을 만난 것처럼 성호를 그었다. **P. 146** 마을사람들은 조제프 리베의 어린 딸의 첫영성체에 참석하기 위해 멀리 도회지에서 찾아온 이 화려한 부인들에게서 오랫동안 눈을 떼지 못했다. 목수는 마을의 부러움을 한몸에 받는 존재가 되었다.

그들이 성당을 지날 때 아이들이 성가를 부르는 소리가 들려왔다. 하지만 테리에 부인은 그 아이들을 방해해서는 안 된다는 생각에 여자들이 성당 안으로 들어가지 못하게 했다.

산책을 하면서 밭에서 난 수확량과 소와 양의 상태를 한차례 설명하고 나자 조제프 리베는 여자들을 다시 집으로 데리고 와서 잠자리를 배정했다. 집이 작았기 때문에 방 하나에 두 명씩 배정할 수밖에 없었다.

리베가 작업실에서 톱밥을 깔고 자고, 그의 아내가 시누이와 한 침대에서 자기로 했다. 페르낭드와 라파엘은 그 옆방에서 함께 자게 되었고 루이즈와 플로라는 바닥에 매트리스를 깔고 자게끔 부엌에 배치되었다. 로자는 계단 꼭대기에 있는 작고 어두운 반침을 독차지하게 되었는데, 그 옆 다락방에서는 어린 소녀가 자도록 배정되었다.

소녀가 집에 돌아오자 그녀에게 키스세례가 쏟아졌다. 여자들 모두 소녀를 안아보겠다고 성화였다.

P. 147 다들 다정함을 드러내고 싶은 욕구를 느꼈는데 그것은 애정을 베푸는 직업에서 비롯된 습관 때문이었다. 기차 안에서 오리들에게 키스한 것도 이런 직업병 탓이었다.

각자 어린 소녀를 무릎에 앉히고, 소녀의 보드라운 금발머리를 쓰다듬었고, 열렬한 애정을 보이며 품에 끌어안았다. 심성 곱고 신심이 깊은 소녀는 이 모든 것을 꾹 참았다.

모두에게 피곤한 하루였기 때문에 사람들은 저녁을 마치자 곧바로 잠자리에 들었다. 시골에서 느낄 수 있는 완벽한 정적이 마을 전체를 휘감았는데, 그것은 거의 종교적인 고요함이었다. 업소의 시끌벅적한 밤에 익숙해져 있던 여자들에게 이렇게 쥐 죽은 듯 잠든 마을 분위기는 어딘지 무서운데가 있었다. 여자들은 마음이 불안하고 괴로우면 전해오기 마련인 쓸쓸함 때문에 오싹한 느낌이 들었다.

두 사람씩 잠자리에 들자마자 여자들은 이러한 고독한 느낌으로부터 자신들을 보호하려는 듯 서로를 꼭 끌어안았다. 하지만 작고 어두운 반침 안에 혼자 들어가 있는 로자는 겁이 났다.

P. 148 그녀가 잠을 못 이루고 침대 속에서 이리저리 뒤척이는데 근처에서 아이가 훌쩍거리며 우는 희미한 소리가 들렸다. 늘 자신의 어머니 방에서 자다가 그런 좁은 다락방에서 혼자 자려니 무서워진 소녀가 우는 소리였다.

로자는 기뻤다. 그녀는 다른 사람을 깨우지 않도록 조용히 일어나서 소녀를 데리러 갔다. 그녀는 아이를 자신의 따뜻한 이불 속에 눕히고 키스해 준 다음, 자신의 가슴에 다정하게 꼭 끌어안았다. 그러다 결국 자신도 안정을 되찾고 잠이 들었다. 첫영성체를 기다리는 소녀도 아침이 올 때까지 그렇게 로자의 가슴에 머리를 묻고 잠을 잤다.

새벽 5시에 마을 성당 종이 울리자, 여느 때는 해가 중천에 뜨도록 자던 여자들이 모두 일어났다.

마을사람들은 벌써부터 깨어 있었다. 닭들이 무리 지어 집 밖을 왔다갔다 하고 있었고, 검은 수탉 한 마리가 여기저기 다니며 고개를 쳐들고 홰를 치며 날카로운 소리로 울었다. 그러자 다른 수탉들도 따라 울었다.

근처 마을들로부터 갖가지 종류의 수레와 마차가 도착했다. 마차가 집집마다 멈춰서면, 검은색 드레스에 아주 오래된 은 브로치를 단 여인들이 내렸다.

P. 149 남자들은 정장 상의 위에 푸른색 작업복을 걸치고 있었다.

목수의 집은 벌집처럼 분주했다. 여자들은 실내복 밑에 속치마만 입은 채 소녀를 단장하느라 법석을 떨었다. 테리에 부인이 자신의 부대원들의 움직임을 지휘하는 동안, 소녀는 조용히 탁자 위에 서 있었다. 여자들은 소녀를 씻기고, 머리를 빗기고, 옷을 입혔다. 또 수없이 많은 핀을 사용해가며 소녀의 드레스 주름을 잡고, 너무 큰 허리춤을 줄였다.

이윽고 소녀의 치장이 끝나자 여자들은 소녀를 앉힌 다음 움직이지 말라고 해놓고 자신들의 단장을 위해 서둘러 흩어졌다.

다시 성당 종이 울리기 시작했고, 처음으로 영성체를 받을 아이들이 집집마다 나와 하나로 무리를 지어 마을 끝에 있는 성당 쪽으로 걸어갔다. 부모들도 가장 좋은 옷으로 차려입고 아이들을 따라갔다. 여자아이들이 입은 모슬린 드레스는 거품을 낸 크림 같았다. 남자아이들은 술집에서 일하는 꼬마 웨이터 같은 차림이었다.

P. 150 그리고 자신들의 검은색 바지에 먼지나 흙이 묻을까 봐 모두들 다리를 벌리고 엉거주춤 걸었다. 집안 아이가 처음으로 영성체를 하는 것을 보기 위해 멀리서부터 많은 친척들이 찾아온 가족은 우쭐해지기 마련이었고, 따라서 목수는 의기양양해졌다.

테리에 부인이 이끄는 부대는 마치 제복을 갖춰 입은 장군과 그 참모들처럼 당당하게 마을을 가로질러 나아갔고, 그 모습이 마을에 미치는 효과는 놀라웠다.

그들이 성당 안으로 들어서자, 성당에 모인 신도들 사이에 웅성거림이 일었다. 서로 보겠다고 밀고 당기기까지 했다. 사람들은 신부님의 제복(祭服)보다도 더 화려한 여자들의 드레스를 보고 깜짝 놀랐다.

읍장이 이들에게 자신이 늘 앉던 성가대 근처 오른쪽 맨 앞줄 자리를 양보했다. 그래서 테리에 부인이 자신의 올케와 함께 거기에 앉았다. 페르낭드, 라파엘, 로자, 루이즈, 그리고 플로라가 목수 리베와 함께 그 뒷줄에 자리 잡았다.

성가대석은 무릎을 꿇은 아이들로 가득 찼다. 여자아이들과 남자아이들이 양쪽에 나뉘어 있었다. 성가대 앞에서는 남자 3명이 목청껏 노래를 부르고 있었다.

그 후 성당 안이 조용해졌고 미사가 시작되었다.

P. 151 장엄한 성가와 기도문 봉송 소리가 성당을 울렸고, 고개 숙인 사람들 머리 위로 거룩하고 엄숙한 기운이 장내를 사로잡았다. 미사가 끝나갈 무렵, 양손에 머리를 묻고 있던 로자는 불현듯 자신의 어머니와, 고향마을에 있던 성당과, 자신이 처음 영성체 하던 때가 생각났다. 그녀는 울기 시작했다.

로자는 처음에는 조용히 울었고 그녀의 눈에서 눈물이 천천히 떨어졌다. 하지만, 기억들이 되살아남에 따라 감정이 북받쳐 그녀는 흐느끼기 시작했다. 그녀는 주머니에서 손수건을 꺼내 눈물을 닦다가 큰소리를 내지 않으려고 손수건으로 입을 틀어막았지만 허사였다. 그녀의 목에서 가르랑거리는 듯한 소리가 새어나왔다. 그녀의 울음소리에 대답이라도 하듯 또 다른 두 명이 가슴이 미어져라 흐느끼는 소리가 들렸다. 로자의 옆에 무릎을 꿇고 있던 루이즈와 플로라도 로자처럼 옛날 생각에 가슴이 벅찼던 것이다. 게다가 눈물은 전염병과 같은 것이라서, 테리에 부인도 자신의 눈시울이 젖은 것을 느꼈고, 자신의 올케 쪽을 보니 그 줄에 앉은 사람들도 모두 울고 있었다.

멋지게 차려 입은 여인들이 무릎을 꿇고 어깨를 들썩이며 흐느끼는 모습에 감화된 많은 여자들이 곧이어 성당 안 여기저기에서 함께 울었다.

P. 152 마치 작은 불티가 마른 풀밭에 불을 지르듯, 로자와 그녀 친구들의 눈물은 급기야 신도 전체에게로 번졌다. 남녀노소 할 것 없이 금세 다들 흐느끼고 있었고, 마치 무언가 초인적인 힘이 그들의 머리 위를 맴돌고 있는

듯했다. 그것은 어떤 영혼, 즉 눈에 보이지 않는 전능한 존재가 내뿜는 숨결이었다.

흐느끼는 소리와 소리 죽여 우는 소리가 온 성당을 채웠다. 신부님은 감동을 받아 꼼짝도 못하고 서 있었다. 신부님은 적당한 말이 생각나지 않는 듯, 더듬거리며 앞뒤가 안 맞는 기도를 올렸다.

사람들은 점차 안정을 되찾았다. 신부님이 손을 들어 정숙을 요구했다. 방금 신도들이 보인 반응을 기적적인 은사로 돌리는 말을 몇 마디하고 나서, 신부님은 목수의 친지들이 앉아 있는 곳을 향해 말했다. "특히 여러분께 감사드립니다, 사랑하는 자매님들. 이렇게 먼 길을 와 주신데다가, 믿음 있고 경건한 모습으로 우리 모두에게 좋은 본보기가 되어 주셨습니다. 여러분께서 우리 교구를 교화시키셨고, 여러분이 느끼신 감동이 우리 모두의 마음을 따뜻하게 녹였으며 주님께서 강림하셔서 신도들을 감화하시도록 이끄셨습니다."

신부님은 감격스러워 또다시 목소리가 나오지 않아서 더 이상 말을 잇지 못했지만 어쨌든 미사를 마쳤다.

P. 153 사람들은 이제 성당을 나서기 시작했다. 사람들은 성당 밖에 모여 웅성거리고 있었다. 집안의 모든 여자들이 콩스탕스를 에워싸고 키스를 퍼부었다. 특히 로자가 각별한 애정을 보였다. 이윽고 그들은 집으로 향했다. 로자가 소녀의 한쪽 손을 잡았고, 테리에 부인이 다른 쪽 손을 잡았다. 라파엘과 페르낭드가 소녀의 긴 모슬린 치마가 먼지 쌓인 땅에 끌리지 않도록 들어 주었다. 루이즈와 플로라는 리베 부인과 함께 맨 뒤에서 따라왔다. 소녀는 매우 조용히 생각에 잠긴 모습으로 이 의장대의 호위를 받으며 걸어갔다.

잔치음식이 목수집 작업장 안에 차려졌다. 마을 곳곳에서 사람들이 잔치를 벌이고 있었다. 창문 너머마다 나들이옷을 입은 사람들이 둘러앉은 식탁들이 보였고, 집집마다 즐거운 웃음소리가 들렸다.

목수의 집에서는 이런 잔치의 흥겨움을 어딘지 자제하는 듯한 분위기가 있었는데 여자들이 성당에서 보인 감정의 여파였다. 리베 혼자 신이 나서 지나치게 술을 마셔댔다.

P. 154 테리에 부인은 틈만 나면 시계를 쳐다보았다. 하루 더 쓸데없이 휴

업하지 않으려면 3시 55분 기차를 타고 해지기 전에 페캉에 도착해야 했기 때문이었다.

목수는 누나의 주의를 딴 데로 돌려 다음날까지 일행을 잡아두려 노력했다. 하지만 그의 누나는 사업에 있어서는 농담 한 마디 하지 않는 사람이었기 때문에 그의 노력은 실패로 돌아갔다. 식사 후 커피를 마시기가 무섭게 그녀는 여자들에게 서둘러 떠날 준비를 하라고 일렀다. 그리고 남동생에게 "어서 마차에 말을 매 줘."라고 말한 다음, 자신도 채비를 갖추러 방으로 갔다.

테리에 부인이 다시 아래층으로 내려왔을 때, 그녀의 올케가 기다리고 있다가 딸아이 이야기를 꺼냈다. 긴 대화가 이어졌지만 그 자리에서 결정된 것은 없었다. 그동안 조카딸을 자신의 무릎 위에 앉혀 놓고 있던 테리에 부인은 그 어느 것도 확실하게 약속하기를 망설였다. 다만 조카딸을 잊지 않겠다고 하면서, 아직 시간이 많은 데다가, 다시 만날 일이 있을 것 아니냐고 할 뿐이었다.

그런데 문 앞에 마차가 보이지 않았고, 여자들도 여태 내려오지 않고 있었다. 위층에서 요란한 웃음소리와 함께 가볍게 소리지르며 박수치는 소리가 들렸다. 목수의 아내가 수레가 준비되었는지 살피러 마구간으로 간 사이, 테리에 부인은 위층으로 올라가 보았다.

P. 155 리베가 고주망태가 되어 있었다. 그는 로자를 집적거리고 있었는데, 로자는 웃느라고 숨이 넘어갈 지경이었다. 루이즈와 플로라가 그의 양팔을 붙잡고 진정시키려 하고 있었고, 라파엘과 페르낭드는 되려 그를 부추기는 한편 몸을 뒤틀며 배꼽 빠지게 웃고 있었다. 이 두 여자는 로자가 술 취한 리베에게 퇴짜를 놓을 때마다 빽빽거리며 고함을 질러댔다.

화가 나서 얼굴이 벌개진 리베는 자신에게 매달리는 두 여자를 뿌리치려고 안간힘을 썼다. 이와 동시에 그는 있는 힘을 다해 로자의 치마를 잡아당기느라고 정신이 없었고, 더듬거리며 횡설수설하기까지 했다.

테리에 부인은 몹시 화가 났다. 그녀는 자신의 남동생에게 다가가서 그의 양 어깨를 틀어쥐고 방 밖으로 내던졌는데, 얼마나 맹렬한 기세였던지 리베는 복도 벽에 부딪혀 자빠지고 말았다. 잠시 후 그가 마당에 있는 펌프로 자신의 머리 위에 물을 끼얹는 소리가 들렸다. 그가 수레를 끌고 다시 모습을 드러냈을 때는 꽤 멀쩡한 정신이 되어 있었다.

　일행은 전날 왔던 길로 다시 떠났다.

P. 156 작고 흰 말이 전날처럼 껑충거리며 달리기 시작했다. 잔치 때 잠잠했던 그들의 장난기가 뜨거운 햇살 아래 다시 고개를 들었다. 이제 여자들은 덜컹거리는 수레에 신이 나서 옆 사람의 의자를 서로 밀치며 매순간 폭소를 터뜨렸다.

　들판 위로 쏟아져 내리는 강한 햇살 때문에 눈이 부셨고, 수레바퀴 밑에서는 길을 따라 두 줄기 먼지가 일었다. 음악을 좋아하는 페르낭드가 로자에게 아무 노래나 불러보라고 했다. 로자는 '우리 할머니' 라는 노래를 부르기 시작했고, 다른 여자들도 모두, 심지어는 테리에 부인도 후렴구에서는 함께 불렀다.

　"포동포동했던 팔과
　늘씬했던 다리가
　너무 그리워.
　하지만 이제는 지나간 시절."

　역에 이르러 여자들이 수레에서 내리자 목수가 말했다. "돌아가셔야 한다니 섭섭합니다. 함께 즐거운 시간을 보낼 수 있었을 텐데요."

　테리에 부인이 아주 따끔한 대답을 했다. "모든 일에는 다 때가 있어. 그리고 항상 놀기만 할 수는 없는 거야."

P. 157 리베는 아무런 대꾸도 없었고 다만 기적소리가 들리자 재빨리 여자들 모두에게 키스를 하기 시작했다. 로자에게 키스할 차례가 되자 그녀의 입술에 키스하려고 시도했지만 로자는 입술을 다문 채 웃으면서 고개를 돌렸다. 그가 그녀를 끌어안았지만 미처 어쩔 새도 없이 로자가 잽싸게 피했기 때문에 그는 자신의 목적을 달성할 수 없었다.

　역원이 "루앙 행 승객 여러분은 승차하여 주시기 바랍니다!"라고 외쳤고, 여자들은 기차에 탔다. 기차 엔진에서 요란한 기적소리가 터져 나왔고, 이윽고 기차 바퀴가 구르기 시작했다. 역을 나온 리베는 다시 한 번 로자를 보기 위해 개찰구로 뛰어갔다. 여자들이 탄 객차가 옆을 지나가자 그는 채찍을 휙휙 울리며 껑충껑충 뛰기 시작했고 동시에 소리질러 노래했다.

"포동포동했던 팔과 늘씬했던 다리가 너무 그리워. 하지만 이제는 지나간 시절."

그리고 그때, 그의 눈에 누군가 흔드는 하얀색 손수건이 멀리 사라지는 것이 보였다.

3장

P. 158 여자들은 루앙에 도착할 때까지 잠을 잤다. 기분전환하고, 푹 쉬기까지 한 상태에서 집에 돌아왔을 때 테리에 부인이 말했다. "맙소사! 벌써부터 장사가 지겨워지는군."

그들은 서둘러 저녁을 먹고 항상 저녁때마다 입던 의상으로 갈아입고 단골손님들을 맞을 준비를 했다. 문 밖의 작은 등불이 지나가는 사람들에게 테리에 부인이 돌아왔음을 알렸고, 얼마 지나지 않아 이 소식이 읍 전체에 퍼졌다.

생선도매상은 매주 일요일이면 자신의 사촌 몇 명을 불러 함께 저녁을 먹었다. 이들이 커피를 마시고 있을 때 한 남자가 손에 편지를 들고 들어왔다. 은행가의 아들인 필리프 씨가 보낸 것이었다. 편지를 열어본 투르느보 씨의 안색이 창백해졌다. 편지에는 이런 말만 적혀 있었다.

대구를 가득 실은 배가 항구에 들어왔음. 귀하께 좋은 사업기회임. 속히 오시기 바람.

얼굴이 귀까지 벌개진 투르느보 씨가 말했다. "난 나가봐야겠는걸."
P. 159 그는 아내에게 그 쪽지를 건네준 다음, 모자와 코트를 집어들고 신속히 집을 나섰다.

테리에 부인의 업소에서는 어쩐지 잔치 분위기가 났다. 뱃사람들이 잔뜩 모여 귀청이 터질 듯 떠들고 있는 아래층에서는 루이즈와 플로라가 이 사람 저 사람과 차례로 술을 마시고 있었는데, 사방팔방에서 한꺼번에 이 두 여자들을 불러댔다.

밤 9시가 지나자 위층도 이미 만원이었다. 테리에 부인의 단골이지만 정신적인 사랑만을 바치는 바스 판사가 그녀에게 무엇인가 나직이 속삭이고 있었다. 방금 무엇에 서로 의견 일치를 본 듯 두 사람 모두 싱글거리고 있었다.

전직 읍장인 풀랭 씨는 로자와 이야기하고 있었는데 로자는 이 늙수그레한 남자의 흰 구레나룻을 두 손으로 쓰다듬고 있었다.

키가 큰 페르낭드는 소파 위에 앉아서 두 발을 징세관 팡페스 씨의 배 위에 올려놓고 몸은 뒤로 젖혀 젊은 필리프 씨에게 기대고 있었다. 그녀는 오른팔은 필리프 씨의 목에 걸치고, 왼손에는 담배를 들고 있었다.

갈색 머리 라파엘은 짐짓 심각한 얼굴로 보험중개인 뒤퓌 씨와 이야기를 나누며 말끝에 "그럼요, 오늘 밤에는 무엇이든 원하는 대로 해드려요."라고 말했다.

P. 160 바로 그때, 문이 벌컥 열리면서 투르느보 씨가 들어왔고 사람들은 "투르느보 만세!"라는 열광적인 함성으로 그를 맞았다. 라파엘이 가서 그의 품 안에 안겼다. 그는 그녀를 힘껏 껴안고, 아무런 말도 없이, 깃털처럼 가볍게 그녀를 번쩍 들었다.

필리프 씨가 외쳤다. "내가 샴페인을 사죠. 테리에 부인, 세 병 가져오세요." 이 말에 페르낭드가 그를 껴안고 속삭였다. "우리에게 왈츠를 연주해 줘요, 네?" 그러자 필리프 씨가 일어나 구석에 있는 오래된 피아노에 앉아 연주하기 시작했다.

페르낭드는 양팔을 징세관에게 둘렀다. 테리에 부인도 바스 씨가 자신의 허리를 감싸 안도록 내버려 두었다. 이 두 커플은 키스를 주고받으며 빙글빙글 춤을 추었다. 한때 상류사회에서 춤을 추어본 경력이 있는 바스 씨가 너무도 우아한 춤 솜씨를 발휘하는 바람에 테리에 부인은 넋을 빼앗기다시피 했다.

프레데릭이 샴페인을 가져왔다. 첫 번째 샴페인 마개가 튀어 오르자 필리프 씨가 흥겨운 폴카를 연주했다. 투르느보 씨도 라파엘과 춤에 합류했는데, 그녀의 발이 땅에 닿을 새도 없이 계속 그녀를 들어올렸다.

P. 162 춤추는 커플들은 춤 사이사이 번갈아 샴페인을 한 모금씩 길게 들이켰다.

로자가 일어났다. 그녀는 "나도 춤추고 싶어."라고 외치더니 소파에 앉아 있는 뒤퓌 씨에게 매달렸다.

그러나 샴페인 병들이 벌써 바닥났다. "내가 한 병 사지." 투르느보 씨가 말했다. "나도." 바스 씨가 외쳤다. "그리고 나도 마찬가지." 뒤퓌 씨도 덧붙였다.

이들은 자정이 되도록 계속 춤을 추었다. 가끔 루이즈와 플로라도 재빨리 위층으로 올라와 짜증을 내는 아래층 손님들을 내버려두고 몇 차례 춤을 춘 다음 아쉬운 얼굴로 다시 주점으로 내려갔다.

P. 163 이윽고 새벽 1시가 되자 결혼한 몸인 투르느보 씨와 팡페스 씨는 집에 가야겠다고 말하고 계산서를 요구했다. 샴페인 값 외에는 아무것도 청구된 것이 없었는데, 그것도 평상시처럼 1병당 10프랑이 아니라 6프랑으로 깎여 있었다. 남자들이 그 호의에 놀라움을 표하자 테리에 부인은 미소를 지으며 이렇게 말했다.

"매일 잔치가 있는 건 아니니까요."

보석

P. 166 랑탱 씨는 그 아가씨를 자신이 근무하는 사무실의 부실장 집에서 열린 작은 파티에서 처음 보았고, 첫눈에 그 아가씨를 열렬히 사랑하게 되었다.

그 아가씨는 몇 년 전에 작고한 지방 세무공무원의 딸이었다. 그녀는 어머니와 함께 파리로 이사 왔는데, 그녀의 어머니는 딸에게 적당한 혼처를 찾아 주려는 희망으로 이웃 중산계급 가정들을 종종 방문하고 있었다. 모녀는 가난하긴 했지만 성품이 훌륭하고 조용하고 온순한 사람들이었다.

그 아가씨로 말하자면 현명한 젊은이라면 누구나 자신의 행복을 내맡기고 싶다는 생각이 들지 않을 수 없는 정숙한 여인의 전형이었다. 그녀의 순박한 아름다움에는 다소곳한 천사와 같은 매력이 있었고, 그녀의 미소에는 순수하고 사랑스러운 영혼이 그대로 배어 나오는 듯했다. 모든 사람이 그녀를 칭찬했다. 사람들은 지치지도 않고 이렇게 말했다. "그 아가씨의 사랑을 얻는 남자는 정말 복 받은 거야! 그보다 더 훌륭한 신붓감은 없을 테니 말이지."

당시 3천 5백 프랑의 연봉을 받는 내무성의 주사(主事)였던 랑탱 씨는 이 사랑스러운 아가씨에게 청혼해서 승낙을 받아냈다.

P. 167 그는 그녀와 더할 나위 없이 행복했다. 그녀가 너무나 능란한 살림 솜씨를 보인 덕분에 부부는 마치 호강하며 사는 것처럼 보일 정도였다. 그녀는 남편에게 지극정성으로 대했고 달콤한 말로 달래며 애교를 부렸다. 그녀가 너무도 매력적이어서, 결혼한 지 6년이 지났지만 그가 아내에게 느끼는 애정은 신혼 때보다도 더 강렬해졌다고 느껴질 정도였다.

그가 아내에 대해 못마땅하게 여기는 것은 딱 두 가지뿐이었는데, 그녀가 극장에 즐겨 가는 것과 가짜 보석을 모으는 취미였다. 그녀의 친구들이 (몇몇 하급 공무원들의 아내들이었다.) 종종 그녀에게 극장의 특등석 자리를 얻어다 주곤 했는데, 새 연극이 초연되는 밤의 극장표도 곧잘 얻어다 주었다. 그럴 때면 그녀의 남편은 원하든 원하지 않든 아내와 함께 극장에 가지 않을 수 없었다. 사무실에서 온종일 일한 그로서는 연극이 지루하기 짝이 없었다.

어느 정도 시간이 지나자 랑탱 씨는 아내에게 다른 여자 친구와 함께 가라고 사정했다. 아내는 처음에는 반대하다가 남편이 간곡히 부탁하니 결국 승복하고 말았다. 남편은 살았다 싶었다.

P. 168 극장에 가기 좋아하는 성향은 보석을 걸치고 싶은 욕망으로 이어졌다. 아내의 의상은 전과 다름없이 소박하게, 세련되긴 했지만 수수하게 머물러 있었다. 그렇지만 얼마 지나지 않아 아내는 진짜 다이아몬드처럼 번쩍이며 빛나는 커다란 라인스톤 귀걸이를 귀에 걸기 시작했다. 목에는 가짜 진주목걸이를 둘렀고 양 팔에는 가짜 금팔찌를 찼다.

종종 남편이 이런 말로 그런 아내를 말렸다. "여보, 진짜 다이아몬드를 살 형편이 못 된다면, 당신의 아름다움과 우아함만으로 치장된 모습을 보여 주면 될 것 아니오? 여자가 가진 장식품 중에 그보다 더 값나가는 것이 어디 있겠소?"

하지만 아내는 상냥하게 웃으며 이렇게 대답하곤 했다. "어떡하면 좋아요? 저는 보석이 너무 좋은걸요. 저의 유일한 약점이죠. 천성은 바꿀 수 없는 거잖아요."

그런 다음 그녀는 진주목걸이를 자신의 손가락에 둘둘 감고 남편이 그 반짝이는 보석을 제대로 감상할 수 있도록 높이 들어올리곤 했다. 그러면서 이런 말로 그를 살살 달랬다. "봐요! 정말 사랑스럽지 않아요? 누가 봐도 진짜라고 할 거예요."

그러면 랑탱 씨는 웃는 얼굴로 이렇게 대답했다. "당신 정말 취미도 요상하군그래."

P. 169 저녁때 벽난로 옆에서 부부가 단둘이 오붓하게 있을 때면, 종종 아내는 랑탱 씨가 '잡동사니'라고 부르는 그 물건들이 든 가죽상자를 다과상 위에 올려놓았다. 그리고 그녀는 그 가짜 보석들이 마치 어떤 깊고도 은밀한 행복과 연결되어 있기라도 한 듯, 열정을 보이며 정성스럽게 찬찬히 살폈다. 그러다가 목걸이 하나를 남편 목에 걸어보겠다고 떼를 썼고, 그 다음엔 좋아라 웃으며 이렇게 외쳤다. "당신 정말 웃겨요!" 그리고 아내는 남편의 품에 뛰어들어 애정이 넘치는 키스를 퍼붓곤 했다.

어느 겨울날 저녁, 그녀가 오페라를 보러 갔다가 몸에 한기가 들어 돌아왔다. 다음날 아침 그녀는 기침을 하더니, 일주일 후 폐렴으로 세상을 뜨고 말았다.

랑탱 씨의 절망은 이루 말할 수 없었고, 그의 머리는 한 달 새에 하얗게 세어버렸다. 그는 끝없이 눈물을 흘렸다. 죽은 아내의 미소와 목소리와 아름답던 모습이 하나하나 생각날 때마다 그의 가슴이 찢어졌다.

시간이 약이라지만, 그의 슬픔은 치료하지 못했다. 근무시간에 그의 동료들이 서로 이야기 나누고 있을 때 그의 눈은 어느새 눈물로 차 올랐고, 그러면 그는 가슴이 미어지듯 흐느껴 울었다.

P. 170 아내 방에 있는 모든 것이 그녀가 죽기 전과 변함없이 남아 있었고, 매일 밤 그는 아내 방에 앉아서 자신의 보물, 자신의 삶의 기쁨이었던 아내를 추억했다.

그런데 생활이 곧 예전 같지 않게 어려워졌다. 아내가 온갖 생활비를 충당해왔던 그의 봉급으로는 이제 그가 기본적으로 필요한 것을 마련하기에도 부족했다. 그는 아내가 어떻게 그런 비싼 포도주와 음식을 장만할 수 있었는지 의아해졌다.

그는 빚을 지게 되었고, 곧 가난뱅이 신세로 전락하고 말았다. 어느 날 아침, 주머니에 단 한 푼도 남아 있지 않다는 걸 발견한 그는 무언가를 내다 팔기로 작정했고, 당장 아내의 가짜 보석을 처분하기로 작정했다. 과거에도 못마땅하게 여기던 물건인데다, 그것들을 보기만 해도 죽은 아내에 대한 기억이 더럽혀지는 것 같았기 때문이었다.

아내는 죽기 얼마 전까지 계속 보석을 사 모았고, 거의 매일 저녁 새로운 보석을 집에 들고 왔다. 그는 아내가 가장 아끼던 묵직한 목걸이를 팔기로 했다. 그가 생각하기에 6, 7 프랑은 받을 수 있을 것 같았다. 비록 가짜이긴 했지만 세공은 아주 훌륭한 물건이었기 때문이었다.

P. 172 그는 목걸이를 주머니에 넣고 보석상을 찾아 집을 나섰다. 그는 가장 먼저 눈에 띄는 보석상에 들어갔고, 그런 가치 없는 물건을 내다팔 정도로 궁핍해진 자신의 처지를 내보이는 것에 수치심을 느꼈다. 그가 보석상에게 말했다. "선생, 이 물건이 얼마나 나갈지 알고 싶소."

남자는 목걸이를 받아들고 찬찬히 살피더니 직원을 불러 나직이 몇 마디 나눈 다음 그 장신구를 다시 판매대 위에 올려놓고 멀찍이서 다시 한 번 바라보았다.

이런 자질구레한 절차들에 짜증이 난 랑탱 씨가 "오, 아무 가치도 없는 물건이란 말씀 잘 알아들었습니다."라고 말하려던 찰나, 보석상이 말했다. "손님, 이 목걸이는 1만 2천에서 1만 5천 프랑 정도 나갈 것 같습니다. 하지만 어디서 구하신 물건인지 말씀해 주시기 전에는 매입하기가 어렵겠습니다."

홀아비 랑탱 씨는 휘둥그레진 눈으로 벌어진 입을 다물지 못했다. 보석상이 무슨 말을 하고 있는 건지 이해가 되지 않았다. 마침내 그가 더듬거리며 대답했다. "선생 말씀은… 확실합니까?" 보석상이 퉁명스럽게 대답했다. "다른 데 가서 더 주겠다는 사람이 있는지 알아보셔도 좋습니다. 제가 보기엔 최대로 받으셔도 1만 5천일 겁니다. 더 좋은 제안을 못 만나시면 그때 다시 오십시오."

랑탱 씨는 어안이 벙벙했다. 그는 목걸이를 집어 들고 상점을 나왔다.

P. 173 생각할 시간이 필요했다. 일단 밖으로 나오자 그는 웃음을 터뜨리며 혼잣말했다. "바보 같으니! 저 사람에게 팔 걸 그랬지! 진짜 다이아몬드

와 가짜도 구별 못하는 보석상도 다 있네!"

몇 분 후 그는 다른 상점으로 들어갔다. 상점주인은 그 목걸이를 보자마자 소리질렀다. "아, 네! 제가 이 보석을 잘 알지요. 여기서 판매된 물건이거든요."

혼란스러워진 랑탱 씨가 물었다. "값이 얼마나 나가요?"

"글쎄요, 제가 2만 5천 프랑에 팔았지요. 1만 8천 프랑에 다시 살 용의가 있습니다. 저희 법적 절차에 따라서, 이 목걸이가 어떻게 손님 소유가 되었는지 알려주신다면요."

랑탱 씨는 아연실색하고 말았다. 그가 대답했다. "하지만, 하지만, 잘 살펴보시오. 지금까지 나는 그것이 가짜라고 생각해왔단 말이오."

보석상이 말했다. "성함이 어떻게 되십니까, 손님?"

"랑탱이오. 내무성에서 일합니다. 주소는 마르티르 가(街) 16번지요."

P. 174 상인은 자신의 장부를 훑어보더니 판매기록을 찾아내고 이렇게 말했다. "이 목걸이는 1876년 7월 20일 마르티르 가 16번지 랑탱 부인께 보내진 것이 맞습니다."

두 남자는 서로를 마주보았다. 홀아비 쪽에서는 놀라움에 말도 나오지 않는 표정으로, 보석상은 도둑이 아닐까 의심하는 눈초리였다. 보석상이 말했다. "이 목걸이를 24시간 동안 여기 맡겨 두시겠습니까? 영수증을 드리겠습니다."

"그렇게 하겠소." 랑탱 씨가 서둘러 말했다. 그런 다음 영수증을 주머니에 넣고 상점을 나섰다. 그는 혼란스러운 상태로 발길 닿는 대로 거리를 헤맸다. 그는 이치를 따져 상황을 이해해보려 노력했다. 그의 아내에게는 그런 값비싼 보석을 살 여유가 없었다. 단연코 없었다. 하지만, 그렇다면, 선물이었던 것이 틀림없었다. 선물! 누가 그런 선물을 한단 말인가? 왜 그녀에게 그런 선물을 한단 말인가?

그는 거리 한복판에서 걸음을 멈추고 섰다. 그의 마음속에 무서운 의심이 들었다. 아내가? 그렇다면 다른 보석들도 모두 선물임에 틀림없었다! 그의 발 아래에서 땅이 뒤흔들리는 듯했다. 그의 앞에 있는 나무가 넘어지고 있었다. 그는 두 팔을 위로 향한 채 의식을 잃고 땅에 쓰러졌다. 정신을 차려보니 약국이었고, 그 후 집으로 옮겨졌다.

P. 175 집에 도착하자 그는 방에 틀어박혀 해가 저물 때까지 울었다. 이윽고 그는 침대에 벌렁 드러누워 괴롭게 뒤척이며 밤을 보냈다.

다음날 아침 그는 일어나 사무실에 나갈 준비를 했다. 하지만 그런 충격을 겪은 후에 일을 하기는 어려웠다. 그는 자신의 상관에게 결근하겠다는 전갈을 보냈다. 그 후 그는 그 보석상에 다시 가봐야 한다는 것이 기억났다. 내키지 않는 생각이었지만, 목걸이를 그곳에 놔둘 수는 없었다. 그래서 그는 옷을 입고 집을 나섰다.

쾌청한 날이었다. 맑게 갠 푸른 하늘이 일상에 바쁜 도시에 미소를 보내고 있었고, 사람들은 두 손을 주머니에 찌르고 이리저리 한가롭게 거닐고 있었다.

랑탱 씨는 그런 사람들을 바라보다가 혼잣말했다. "부자들은 확실히 행복하군. 돈만 있으면 제아무리 깊은 슬픔도 잊을 수 있으니까. 원하는 곳에다 갈 수 있고, 여행하다 보면 기분전환이 될 테고 말이야. 기분전환이야말로 가장 확실하게 슬픔을 치료하는 방법이지! 오, 나도 부자라면 얼마나 좋을까!"

허기가 느껴지기 시작했다. 하지만 그의 주머니는 텅 비어 있었다.

P. 176 그 목걸이가 다시 생각났다. 1만 8천 프랑이라고! 1만 8천 프랑! 엄청난 돈이었다!

그는 곧 보석상 앞에 도착했다. 1만 8천 프랑! 스무 번도 넘게 들어가려고 마음먹었지만 수치심이 그를 가로막았다. 하지만 그는 배가 고팠다. 몹시 배가 고팠지만 주머니 안에는 단 1수도 없었다. 그는 재빨리 결심한 후 단걸음에 거리를 가로질러 그 상점 안으로 들어갔다.

상점주인이 얼른 앞으로 나와 공손하게 그에게 의자를 권했다. 직원들도 그에게 눈길을 보내며 상냥하게 웃었다.

"제가 확인을 좀 해보았습니다, 랑탱 씨." 보석상이 말했다. "아직도 이 보석을 팔 생각이시라면, 말씀드린 금액을 기꺼이 지불하겠습니다."

"그럼요, 선생." 랑탱 씨가 더듬거리며 말했다.

상점주인은 서랍에서 18개의 큼직한 지폐를 꺼내서 세어본 다음 그 돈을 랑탱 씨에게 건넸다. 랑탱 씨는 영수증에 서명하고 나서 떨리는 손으로 돈을 주머니에 넣었다. 막 상점을 나서려던 순간 그는 상점주인을 향해 돌아섰다. 그리고는 계속 미소 짓고 있는 상인을 향해 눈을 내리깔며 이렇게 말했다. "사실은, 제게 같은 출처에서 생긴 보석이 더 있습니다. 그것들도 매입하시겠습니까?"

P. 177 상인은 허리를 굽히며 말했다. "그럼요, 손님."

랑탱 씨는 숙연한 목소리로 말했다. "그럼 그것들도 가져오겠소." 1시간 후 그는 보석들을 들고 돌아왔다.

큼직한 다이아몬드 귀걸이는 2만 프랑, 팔찌들은 3만 5천 프랑, 브로치며 반지며 메달들은 1만 6천 프랑, 에메랄드와 사파이어가 박힌 장신구는 1만 4천 프랑, 커다란 보석이 달린 금 목걸이는 4만 프랑 등등, 모두 다 합해 19만 6천 프랑에 달했다.

그날 그는 고급 음식점에서 점심을 들었고 한 병에 20프랑이나 하는 포도주까지 마셨다. 마차까지 부른 그는 "나는 부자다! 내 재산은 20만 프랑에 달한다!"라고 외치고 싶은 욕망을 누르기가 어려웠다.

갑자기 그는 자신의 직장 생각이 났다. 그는 마차를 타고 회사로 가서 쾌활한 모습으로 들어서며 말했다. "사표를 제출하려고 왔습니다. 방금 30만 프랑의 유산을 상속받았거든요."

그는 동료들과 악수를 나눈 다음 그들에게 미래에 대한 포부를 늘어놓기까지 했다.

P. 178 그리고는 저녁을 먹으러 또 다른 사치스러운 식당으로 갔다. 그는 어떤 귀족 계급의 신사 옆에 앉았고 식사를 하는 동안 자신이 방금 40만 프랑의 돈을 물려받았다고 말하고 싶어 입이 근질거렸다.

P. 179 극장에 간 그는 태어나서 처음으로 지루하다는 생각이 들지 않았다. 그는 새벽까지 밤새도록 집 밖에서 시간을 보냈다.

6개월 후 그는 재혼했다. 그의 두 번째 부인은 매우 정숙한 여자였지만 성질이 사나웠다. 그녀는 매사에 남편을 들들 볶았다.

쥘르 삼촌

P. 182 머리가 허연 노인이 우리에게 적선을 빌었다. 내 친구 조제프 다브랑쉬가 그에게 5프랑이나 주었다. 나의 놀란 얼굴을 보고 그는 이렇게 말했다. "그 불쌍한 사람을 보니 생각나는 사연이 있어서 그래. 그 기억이 나를 끊임없이 따라다니거든. 그 사연을 들려주겠네." 친구는 이야기를 시작했다.

르 아브르 출신인 우리 가족은 넉넉한 형편이 못 됐네. 간신히 빚 안 지고 살면 다행일 정도였지. 아버지는 힘들여 일하셨는데 사무실에서 늦게까지 일하시다 귀가하시곤 했지만 벌이는 시원치 않았어. 나에겐 누나가 둘 있었네.

어머니는 쪼들리는 집안 형편 때문에 고생이 많으셨고, 그 때문에 아버지에게 귀에 거슬리는 언사도 자주 하셨지. 은연중에 던지는 교활한 비난 같은 것 말일세. 그럴 때마다 가엾은 아버지는 내 마음을 아프게 하는 동작을 하셨어. 나지도 않은 땀을 닦는 시늉을 하시며 손바닥을 펴서 이마를 문지르시는 거야. 그러고는 아무 대답도 하지 않으셨어. 어쩔 줄 몰라 하는 아버지의 괴로움이 내게도 느껴졌다네. 우리는 매사에 허리띠를 졸라맸고, 남의 저녁식사 초대에 응한 적도 한번 없었어. 그랬다간 우리도 답례를 해야 하니까 말일세.

P. 183 우리 집 먹거리는 모두 떨이로 싸게 샀어. 누나들은 직접 옷을 만들어 입었고, 1미터에 15상팀하는 노끈 한 조각의 가격을 두고도 긴 실랑이가 벌어지곤 했지. 언제나 먹는 거라곤 수프와 온갖 소스를 넣어 조리한 쇠고기였어. 건강에 좋고 영양가도 많은 음식 아니냐고 할지 모르지만, 그보다 나는 식탁에 좀 변화가 있었으면 하고 바랬네.

단추를 잃어버리거나 바지가 찢어지기라도 하면 나는 엄청난 소란을 겪어야 했어.

매주 일요일이면 우리 식구는 가장 좋은 옷을 입고 방파제를 따라 산책을 나갔지. 아버지는 프록코트에 실크해트를 쓰시고 염소가죽 장갑까지 끼신 차림으로 어머니에게 팔을 내미셨어. 어머니는 축제날의 배처럼 리본으로 치장하고 계셨지. 누나들은 언제나 가장 먼저 치장을 끝내고 나갈 신호를 기다렸지만, 마지막 순간에 항상 누군가 아버지의 프록코트에서 얼룩을 발견하곤 했고, 그러면 헝겊에 벤진을 적셔 얼른 그 얼룩을 닦아내지 않으면 안 됐다네.

P. 184 아버지는 셔츠 바람으로 실크해트는 쓰신 채 손질이 끝나기를 기다리셨고, 그동안 어머니는 안경을 꺼내 쓰시고, 반대로 장갑은 더럽히지 않으려고 벗어 놓으시고 바삐 서두르곤 하셨지.

그런 다음 우리는 격식을 있는 대로 갖추고 집을 나서는 거야. 누나들이 서로 팔짱을 끼고 앞장을 섰어. 누이들은 결혼할 나이였기 때문에 사람들 눈에 띌 필요가 있었거든. 내가 어머니 왼쪽에서, 아버지가 어머니 오른쪽에서 걸었지. 나는 아직도 그 시절 일요일마다 거만을 떨며 산책을 하시던 불쌍한 부모의 모습이 눈에 선하다네. 지엄한 표정을 하고 뻣뻣하게 걸으시던 우리 부모님 말이야.

일요일마다 머나먼 미지의 나라들로부터 커다란 증기선들이 들어왔고, 그럴 때마다 아버지는 어김없이 같은 말씀을 하셨네.

"저 배에 쥘르가 있다면 얼마나 반가울까! 안 그래?"

아버지의 동생인 쥘르 삼촌은 한때는 가족에게 공포의 근원이었다가 그 시절에는 집안의 유일한 희망이었어. 나는 어릴 적부터 줄곧 삼촌에 대한 이야기를 들어왔고, 그래서 삼촌에 대해 알만한 것은 다 알고 있었기 때문에 삼촌을 보면 당장이라도 알아볼 수 있을 것 같았지. 나는 삼촌이 미국으로 떠나던 날까지 어떻게 살아왔는지 속속들이 들어 알고 있었거든. 그 당시의 삼촌 이야기는 사람들이 쉬쉬하며 수군거리기만 했는데도 말이야.

P. 185 내가 듣기에 삼촌은 거칠게 살았던 것 같은데, 무슨 말인가 하면, 돈을 흥청망청 썼다는 뜻이야. 그런 행동은 가난한 가족에게는 흉악한 범죄나 다름없지. 부잣집에서야 그렇게 놀고 먹는 사람이 하나쯤 있어도 그저 젊어서 방탕하게 사는 것뿐이라고 여기겠지. 하지만 궁핍한 가정에서는, 부모로 하여금 그나마 있는 재산에 구멍을 내게 하는 그런 아들은 아무짝에도 쓸모 없는 악당과 다름없는 법이거든. 같은 행동을 두고 사정에 따라 이렇게 차별을 두는 것을 나쁘다고만 할 수는 없지. 그 일로 해서 어떤 결과가 초래되었는가 만으로 그 행동이 중하다, 아니다 판단하는 법 아니

겠나.

아무튼 쥘르 삼촌은 자기 몫의 돈을 한 푼 남김없이 다 써버린 후에 아버지가 의지하고 있던 유산까지도 상당부분 축냈어. 그래서, 당시에 흔히 그랬듯이 르 아브르에서 뉴욕으로 떠나는 화물선에 실어 미국으로 보내지고 말았지.

삼촌은 한때 거기서 이런저런 장사를 시작했고, 돈을 조금씩 벌고 있다면서 자신이 아버지에게 입힌 손해를 곧 보상할 수 있게 되기를 희망한다는 편지를 보내왔어.

P. 186 그 편지는 가족에 깊은 감동을 불러일으켰네. 그때까지 자기 밥값도 못하던 쥘르가 하루아침에 훌륭한 사람이 된 거야. 선량한 마음을 가진, 다른 모든 다브랑쉬 집안 사람답게 참되고 정직한 사람이 된 거지.

선장 중 한 사람이 우리 가족에게 전해 주기를 쥘르 삼촌이 큰 상점을 빌려 상당히 큰 사업을 하고 있다고 했네.

2년 후 두 번째 편지가 당도했는데, 이렇게 써 있었어.

사랑하는 필리프 형, 제 건강에 대해서는 걱정하지 마시라고 이렇게 편지를 씁니다. 건강히 잘 있어요. 사업도 잘 되고 있습니다. 내일 남미로 긴 여행을 떠납니다. 몇 년이나 가 있게 될 것 같아요. 거기서는 소식을 전하기 어려울 겁니다. 제가 편지를 보내지 않더라도 걱정하지 마세요. 재산을 모으게 되면 르 아브르로 돌아갈 겁니다. 그것이 그리면 훗날이 아니기를 빕니다. 그때가 되면 우리 모두 함께 행복하게 살아요…

그 편지는 가족의 복음서가 되었다네. 별것 아닌 일에도 툭하면 편지를 꺼내 읽었고, 모든 사람에게 보여주었지.

10년 동안 쥘르 삼촌으로부터는 아무런 소식도 들을 수 없었네. 하지만 시간이 감에 따라 아버지의 희망은 커져만 갔고, 어머니도 가끔 이렇게 말씀하셨지. "착한 너희 쥘르 삼촌이 오면 우리 처지도 달라질 거다.

P. 187 너희 삼촌은 어려움을 헤쳐나갈 줄 알았던 사람이거든!"

그리고 매주 일요일, 커다란 증기선들이 연기를 길게 뿜어내면서 수평선

281

너머로부터 다가오는 것을 볼 때면, 아버지는 언제까지나 같은 질문을 반복하시는 거야. "저 배에 쥘르가 있다면 얼마나 반가울까! 안 그래?"

손수건을 흔들며 "어이! 필리프 형!"하고 외치는 삼촌의 모습이 언제라도 눈에 보일 것만 같았다니까.

삼촌의 귀향을 철썩 같이 믿고 가족은 수없이 많은 계획을 세웠다네. 삼촌의 돈으로 잉구비유 근처 시골에 별장을 하나 사자는 말까지 나왔지. 사실 아버지가 그때 이미 가격흥정까지 하고 다니지 않으셨다고는 자신 있게 말할 수가 없군.

그때 큰누나는 28살이었고 작은누나는 26살이었어. 미혼인 두 누나들 때문에 가족 모두 걱정이 이만저만 아니었지.

마침내 작은누나에게 구혼자가 한 명 나타났어.

P. 188 그는 월급쟁이였는데, 부자는 아니었지만 훌륭한 사람이었어. 내가 항상 확신하건대, 어느 날 저녁 가족이 보여준 쥘르 삼촌의 편지로 인해서 그 젊은이가 주저하던 마음을 깨끗이 접고 결국 결혼 결심을 하게 된 것이 분명해.

가족은 그를 열렬히 환영했고, 결혼식 후에 가족 모두 제르세이로 여행을 떠나기로 결정되었지.

제르세이는 형편이 넉넉하지 못한 사람들에게 딱 맞는 여행지야. 그리 멀지 않은 곳에 있으니 말일세. 그 작은 섬이 영국에 속해 있기 때문에, 증기선을 타고 해협 하나만 건너면 바로 외국 땅을 밟는 셈이기도 하지. 우리는 제르세이로 여행갈 생각으로 머릿속이 꽉 차서 오매불망 여행 날만 기다렸다네.

드디어 우리는 떠났어. 난 마치 어제 일처럼 그날을 생생히 기억하고 있다네. 배는 그랑비유의 부두에 정박해서 증기를 일으키고 있었어. 아버지는 어리둥절한 표정으로 우리 짐 3개가 배에 실리는 것을 구경하고 계셨어. 어머니도 잔뜩 긴장하셔서 내내 미혼인 큰누나의 팔을 붙잡고 계셨네. 큰누나는 작은누나가 결혼한 후부터, 한배 새끼 중에서 마지막 남은 병아리처럼 정신이 멍해 있었거든. 우리 뒤에 신랑신부가 따라왔는데, 그들은 항상 뒤처져서 다녔기 때문에 나를 종종 뒤돌아보게끔 했지.

기적이 울렸어. 우리는 배에 올랐고, 배는 방파제를 떠나 대리석처럼 잔잔한 바다를 가르며 앞으로 나아갔지.

P. 189 우리는 해안선이 멀리 사라지는 것을 행복하고 뿌듯한 마음으로 바라보았네. 여행할 기회가 별로 없는 사람들이 흔히 그러듯 말이야.

아버지는 그날 아침 따라 유난히 정성 들여 손질한 프록코트 밑으로 가슴을 쑥 내밀고 계셨는데, 아버지 주위에는 벤진 냄새가 진동하고 있었다네. 그날이 일요일이라는 것을 새삼 깨닫게 해주던 냄새였지. 그때 갑자기 두 명의 잘 차려입은 숙녀에게 굴을 대접하는 두 신사의 모습이 아버지 눈에 들어왔어. 누더기를 걸친 늙은 선원 한 명이 칼로 굴 껍데기를 열어서 신사들에게 주면, 신사들은 그 굴을 숙녀들에게 권하고 있었네. 숙녀들은 굴을 고급 손수건 위에 받쳐놓고 드레스에 얼룩이 지지 않도록 몸을 앞으로 조금 내밀면서 품위 있는 모습으로 굴을 먹었어. 그런 다음 국물을 재빨리 들이마시고 껍데기를 배 밖으로 버리는 거야.

움직이는 배 위에서 그렇게 우아하게 굴을 먹는 것이 아버지 눈에 멋있어 보였나 봐.

P. 190 아버지가 어머니와 누나들에게 다가가서 물어보셨어. "굴을 좀 사 줄까?"

어머니는 돈을 쓰는 것 때문에 망설였지만 두 누나는 얼른 그러자고 했어. 어머니가 골이 난 말투로 이렇게 말씀하시더군. "저 굴을 먹었다가 배 탈이라도 날까 겁이 나네요. 아이들에게나 좀 사주시구려. 많이는 말고요. 토할지도 모르니까요." 그리고는 내 쪽을 보시더니 "조제프는 먹지 않아도 돼요. 사내애들은 너무 위해주면 버릇 나빠져요."라고 덧붙이셨어.

그래서 나는 어머니 옆에 남아 있었네. 부당한 차별이라고 생각하면서 말이야. 아버지가 뻐기는 듯한 걸음으로 두 딸과 사위를 누더기를 걸친 늙은 선원 쪽으로 이끌고 가시는 걸 쳐다보고 있었지.

아까의 두 숙녀들은 이미 가고 없었고, 아버지가 누나들에게 국물을 쏟지 않고 굴을 먹는 방법을 일러주고 계셨어. 심지어 몸소 시범까지 보여 주시려고 굴 하나를 받아 드셨지. 아까의 숙녀들 흉내를 내보려 하시다가 곧바로 프록코트 위에 국물을 다 엎지르고 마셨어. 어머니가 "가만히나 계시면 좋으련만." 하고 중얼거리시는 소리가 들리더군.

그런데 갑자기 아버지 안색이 불안한 표정으로 바뀌더군. 아버지는 몇 발

자국 뒤로 물러서서 늙수그레한 선원을 둘러싸고 있는 자신의 가족을 물끄러미 보시더니 황급히 우리 쪽으로 오셨어. 아버지는 몹시 창백한 얼굴에 묘한 표정을 짓고 계셨어.

P. 191 아버지가 낮은 목소리로 어머니에게 이렇게 말씀하셨지. "정말 이상한 일도 다 있군. 저기 굴을 까는 남자가 쥘르와 닮았지 뭐요."

어머니는 깜짝 놀라 물으셨어. "쥘르 누구요?"

아버지가 대답하셨지. "누구긴, 내 동생 말이야. 미국에서 잘 살고 있다는 걸 몰랐다면 저 남자가 쥘르라고 생각했을 거야."

대경실색한 어머니가 더듬거리며 말씀하셨어. "정신 나간 양반 같으니! 저 사람이 애들 삼촌이 아니라고 생각한다면서 왜 그런 바보 같은 말을 하는 거예요?"

그런데 아버지가 고집을 부리셨어. "한번 가서 봐요, 클라리스! 아무래도 당신 눈으로 직접 확인하게 하고 싶어."

어머니는 자리에서 일어나 두 딸이 있는 곳으로 걸어가셨어. 나도 그 남자를 바라봤어. 늙고, 더럽고, 주름살투성이의 그 남자는 고개도 들지 않고 굴만 까고 있었네.

어머니가 돌아오셨어. 나는 어머니가 떨고 계신 것을 알 수 있었네. 어머니는 빠른 말투로 이렇게 말씀하시더군. "애들 삼촌이 맞아요. 당신이 선장에게 가서 물어보는 게 어때요? 하지만 우리가 다시 저 사기꾼을 떠맡게 되는 일이 없도록 각별히 조심해야 돼요!"

P. 192 아버지가 물어보러 가셨고 나도 따라갔네. 나는 이상한 흥분을 느꼈어.

선장은 금발의 구레나룻을 기른 키가 크고 마른 남자였는데, 자신이 마치 인도로 오가는 우편선의 선장이나 된 듯 거들먹거리는 태도로 선교 위를 어슬렁거리고 있더군.

아버지가 선장에게 거창하게 예의를 갖춰 말을 붙이셨고, 이런저런 찬사를 섞어가며 뱃일에 대한 질문을 하셨어. 제르세이 섬의 중요성은 뭘까요? 그곳 특산물은 뭡니까? 인구는 얼마나 됩니까? 풍습은요? 토양의 특성은 어떻습니까? 등등.

이윽고 아버지가 떨리는 목소리로 문제의 그 질문을 하셨어.

"저기서 굴을 까는 나이든 선원이 하나 있던데요, 퍽 재미있는 사람 같습니다만. 저 사람에 대해 혹시 아는 것이 있으신가요?"

아버지와의 대화가 지루하게 느껴지기 시작한 선장은 무뚝뚝하게 이렇게 대꾸하더군. "제가 작년에 미국에서 만난 늙은 프랑스인 떠돌이인데 제가 이리로 다시 데리고 왔습니다. 르 아브르에 친척이 있는 모양인데 그들에게 빚이 있다며 돌아가고 싶어하지 않는 것 같아요. 저 사람 이름은 쥘르라더군요. 쥘르 다르망쉬라던가 다브랑쉬라던가 뭐 아무튼 그 비슷한 이름이에요.

P. 193 한때는 미국에서 잘 살았나 보던데 지금은 보시다시피 저 꼴이 되었지요."

아버지는 얼굴이 잿빛이 되셨고, 퀭한 눈을 한 채 나오지도 않는 목소리로 중얼거리듯 이렇게 말씀하셨네.

"아! 아! 그렇군요, 그래요. 뭐 전혀 놀라울 일도 아니군요. 정말 감사합니다, 선장님."

아버지가 선장 곁을 떠나실 때, 선장은 멀어져 가는 아버지를 놀란 얼굴로 쳐다보았어. 아버지가 너무나 심란한 모습으로 돌아오시자 어머니가 이렇게 말씀하셨네. "앉아요. 누가 보면 무슨 일이 있는 걸 눈치채겠어요."

아버지는 벤치 위에 털썩 주저앉으시며 더듬더듬 말씀하셨어. "그 애가 맞아! 그 애가 맞아!" 그리고 이렇게 물으셨지. "이제 어떻게 하지?"

어머니가 재빨리 대꾸하셨네. "아이들을 그 근처에 두면 안 돼요. 조제프는 모든 걸 눈치챘으니 조제프를 보내서 아이들을 데려오게 해요. 우리 사위가 알지 못하도록 각별히 주의해야 한다고요."

아버지는 완전히 넋이 나가 계셨어. 이렇게 웅얼거리셨지. "이게 무슨 날벼락이야!"

P. 194 갑자기 화가 치밀어 오르시는지 어머니가 언성을 높이셨어. "저 도둑놈이 아무것도 해내지 못할 거라는 걸 나는 진작에 알고 있었다고요. 그리고 우리에게 다시 짐이 되리란 것도 말이에요! 다브랑쉬 집안 사람에게 바랄 걸 바래야지요!"

아버지가 손으로 이마를 문지르시더군. 아내로부터 비난을 받을 때마다 으레 그러시듯 말이야. 어머니가 덧붙여 말씀하셨어. "조제프에게 돈을 좀 주어서 굴 값을 내고 오라고 하세요. 그 거지가 우리를 알아보기라도 하면 그걸로 대망신이 될 거예요. 그땐 아주 좋은 구경거리가 될 테지요! 배 반대쪽으로 갑시다. 그리고 저 남자가 우리 곁에 얼씬 못하도록 정신 바짝 차려요!"

부모님은 나에게 5프랑을 주시고 멀찌감치 가셨어.

누나들은 어리둥절해서 아버지를 기다리고 있었어. 나는 어머니가 갑자기 뱃멀미를 일으키셔서 그런 거라고 말하고 나서, 그 선원에게 물었지. "얼마를 드려야 하나요, 아저씨?"

나는 그를 삼촌이라고 부르고 싶었어! 그 사람이 대답했어. "2프랑 50입니다."

나는 5프랑을 내밀었고 그 사람이 거스름돈을 주었지. 나는 그의 손을 쳐다보았어. 비참하고 쭈글쭈글한 뱃사람의 손이었네. 그리고 그의 얼굴을 쳐다보았어. 슬프고 나이든 그 얼굴을 말이야. 나는 속으로 이렇게 생각했어. '이분이 내 삼촌이다. 우리 아버지의 동생분, 내 삼촌이라고!'

P. 196 나는 그에게 50상팀을 팁으로 드렸어. 그가 나에게 "젊은 신사분께 신의 축복이 있으시길!"하며 감사의 말을 하더군.

그것은 동냥으로 먹고 사는 가난한 사람의 말투였어. 그가 거기서 구걸을 하며 살았을 거라는 생각을 떨쳐버릴 수가 없었네! 그런 큰돈을 팁으로 주는 것을 보고 누나들이 놀란 눈으로 나를 쳐다보았어. 내가 2프랑을 아버지에게 돌려드렸을 때 어머니도 놀라 물으셨지. "3프랑이나 했단 말이야? 말도 안 돼."

나는 단호한 목소리로 대꾸했다네. "50상팀은 팁으로 드렸어요."

어머니는 놀라 움찔하시더니 나를 노려보며 이렇게 외치셨어. "너 미쳤구나! 50상팀이나 주어버리다니, 저런 인간, 저런 거렁뱅이에게…"

어머니는 사위를 가리키고 있는 아버지의 시선을 느끼고 말을 멈추셨어. 그 후 모두들 입을 다물었네.

P. 197 우리 앞에 멀리 보이는 수평선 위로, 바다를 뚫고 떠오르는 듯한 자주색 그림자가 있었네. 제르세이에 도착한 거야.

배가 방파제에 가까워졌을 때 나는 다시 한 번 쥘르 삼촌을 보고 싶은 강렬한 욕망에 사로잡혔네. 그에게 다가가서 다정한 위로의 말을 건네고 싶은 욕망 말이야. 하지만 더 이상은 굴을 사먹는 사람이 없었기 때문에 그는 사라지고 없었어. 아마 그 가련한 분이 거처로 삼고 있을 배 밑 더러운 화물칸으로 내려간 것이겠지.

그 남자와 다시 마주치게 될까 봐 우리 가족은 생 말로 행 배를 타고 곧장 집으로 돌아왔어. 어머니는 내내 안절부절 못하셨지.

그 후로 나는 삼촌을 본 적이 없다네.

자, 바로 이런 이유로, 앞으로도 자네는 내가 부랑자들에게 5프랑을 주는 걸 종종 보게 될 걸세.

명작에서 찾은 생활영어

THE NECKLACE
& OTHER STORIES
GUY DE MAUPASSANT

그건 기껏해야 5백 프랑밖에 되지 않는 물건이었어!

It was worth at most
only five hundred francs!

「목걸이」의 주인공 마틸드는 자신이 잃어버린 친구의 다이아몬드 목걸이 값을 갚기 위해 10년 동안 궁핍하게 살아갑니다. 그런데 10년 후 다시 만난 친구로부터 그 목걸이가 가짜였다는 말을 듣게 되죠. 친구의 말인 위 문장에 at most라는 표현이 쓰였는데요, 기껏해야(많아야)라는 뜻이랍니다. 이처럼 at 다음에 최상급이 와서 관용적으로 쓰이는 표현으로는 at least, at best, at worst 등이 있는데요, 각각 적어도, 잘해봐야, 고작 해야라는 뜻이랍니다.

The seats were at most only half occupied.
좌석이 기껏해야 절반 정도 찼을 뿐이었다.

At least ten people were injured in this accident.
이 사고로 적어도 10명이 부상을 입었다.

Since business is slow, you will break even, at best.
경기가 안 좋으니, 너는 잘해봐야 본전치기일 것이다.

She shall be only fined, at worst.
그녀는 고작 해야 벌금을 무는 정도일 것이다.

영어 표현력 향상을 위해 반드시 알아두어야 할 at + 최상급 표현,
아래 dialog로 한 번 더 볼까요?

A : I'd like to hear your opinion on the course
you have taken.

B : I think it was superficial at best.

A : I thought it would be quite intensive, for
each class has only 10 people at most.

B : Well, at least you have a lot of chances to
speak up.

A : 네가 들은 강의에 대한 너의 의견을 듣고 싶어.

B : 좋게 말해 봤자 수박 겉핥기식이었던 것 같아.

A : 한 반에 많아야 10명 정도만 수강한다고 하길래 꽤 집중적으로 지도
하는 줄 알았는데.

B : 음, 적어도 자기 의견을 말할 기회가 많이 주어지긴 해.

그들은 심지어 딱딱한 빵 조각 하나조차도 찾을 수 없었다.

They could not find
so much as a crust of bread.

「비곗덩어리」에서, 프로이센군을 피해 마차 한 대를 나누어 타고 피난길에 오른 루앙 시민 10명은 폭설로 인해 들판 한가운데서 발이 묶이다시피 합니다. 배는 고픈데 전쟁 탓에 어디에서도 먹을 것을 구하기가 쉽지 않죠. 이런 상황을 묘사한 위 문장에 so much as가 쓰였는데요, 심지어 …조차도라는 강조의 뜻을 가진 표현이랍니다. 주로 부정문에 많이 쓰이는 so much as, 아래 예문으로 더 보실까요?

We don't know so much as his name.
우리는 심지어 그의 이름조차 모른다.

She wouldn't shed so much as a tear, if you left.
네가 떠나도 그녀는 심지어 눈물 한 방울 흘리지 않을 것이다.

They didn't send so much as a thank-you email.
그들은 심지어 고맙다는 이메일도 보내지 않았다.

She never seemed to be able to finish so much as one page. 그녀는 심지어 한 페이지조차도 끝내지 못할 듯 보였다.

부정문에 주로 쓰이는 so much as에 좀 익숙해지셨나요? 아래 dialog로 다시 한 번 연습해 보세요.

A : Where on earth is John? He hasn't made so much as an appearance all day!

B : What's the matter?

A : Everybody's busy with the party preparations, and he does not lift so much as a finger.

B : Try the upstairs lounge. That's where he hangs around.

A : 존은 대체 어디 있는 거야? 온종일 코빼기도 보이지 않네!
B : 왜 그러는 건데?
A : 모두 파티 준비로 바쁜데 존은 손가락 하나 까딱하지 않으니까 그렇지.
B : 위층 휴게실에 가 봐. 걔는 으레 거기서 놀거든.

그들은 걷잡을 수 없는 공포로 몸을 떨었다.

They trembled with a dread
beyond their control.

전쟁 전에 즐기던 취미를 잊지 못해 몰래 아군의 전초선을 뚫고 센 강변에서 낚시를 하던 두 친구는 그만 프로이센군에게 사로잡히고 맙니다. 그저 평화와 낚시를 사랑했던 두 사람은 적군의 총부리 앞에 걷잡을 수 없는 공포를 느끼죠. 이런 두 사람의 모습을 묘사한 위 문장에 걷잡을 수 없는이라는 뜻의 beyond (one's) control이 등장하는데요, beyond는 control 외에도 doubt, description, belief 등과 함께 '의심의 여지없는,' '이루 말할 수 없는,' '믿기지 않는'이라는 표현을 만든답니다.

The people's anger was beyond control.
그 사람들의 분노는 걷잡을 수 없었다.

The authenticity of the picture is beyond doubt.
그 그림은 의심의 여지없이 진품이다.

Mr. Lantin's despair was beyond description.
랑탱 씨의 절망은 이루 말할 수 없었다.

It is beyond belief that some people actually believe this.
이것을 정말로 믿는 사람이 있다니 그야말로 믿기지 않는 일이다.

beyond 하나로 영어 표현력이 쑥쑥 늘어난 것 같지 않으세요? 아래 dialog를 통해 beyond가 만드는 표현과 더 친해져 보세요.

A : This steak is beyond belief!

B : I'm glad you like it.

A : I more than like it! And the gravy is beyond description, not too thin or too thick.

B : Is it better than the one we had at the hotel?

A : This is beyond doubt the best steak I ever tasted.

A : 이 스테이크 맛 정말 놀랍군요!

B : 맛있다니 나도 기쁘군요.

A : 맛이 좋은 정도가 아니에요! 육즙도 정말 기가 막혀요.
　　너무 묽지도 않고 또 너무 진하지도 않고요.

B : 우리가 그 호텔에서 먹었던 것보다도 나아요?

A : 지금까지 맛본 스테이크 중 단연 최고의 스테이크예요.

테리에 부인은 그에게 제 분수를 일깨워주었다.

Mrs. Tellier put him in his proper place.

조카딸의 첫영성체에 참석하려고 길을 떠난 테리에 부인은 기차 안에서 만난 행상이 도에 넘친 음란한 장난을 치자 참다못해 면박을 줍니다. 그 장면을 묘사한 위 문장에서 눈여겨보아야 할 표현이 바로 one's (proper) place 인데요, 제 분수〔처지, 주제〕라는 뜻으로 쓰이죠. place 대신 bearings나 oneself를 쓰기도 하는 이 표현은 know, get, live above, forget 등과 같은 동사와 결합하여 다양한 뜻을 나타낸답니다.

He just doesn't know his place.
그는 정말 자기 분수를 모른다.

He got his bearings and found a tiny apartment.
그는 자신의 처지를 깨닫고 작은 아파트를 구했다.

I handled money poorly and lived above myself.
나는 돈 관리를 허술하게 했고 분수에 넘친 생활을 했다.

She forgot herself when she accused me of being a liar. 그녀는 자신의 주제도 모르고 나에게 거짓말쟁이라고 욕했다.

이제, '제 분수'를 뜻하는 one's (proper) place를 자신 있게 표현할 수 있으시겠죠? 아래 dialog처럼요.

A : You are forgetting yourself! Your credit card statement almost resembles your salary!

B : Speaking of that, can you lend me some money to cover my monthly expenses?

A : No way! You really need to know your place.

B : Please, help me out this time.

A : 네 주제를 좀 알아! 네 카드이용대금이 네 월급과 비슷해지려고 하잖아!

B : 말이 나와서 하는 말인데, 이달 생활비 좀 빌려 줄래?

A : 안 돼! 정말이지 너는 네 분수를 좀 알아야 돼.

B : 부탁이야, 이번엔 좀 도와줘.

그들은 배꼽 빠지게 웃었다.

They were splitting their sides with laughter.

술에 취해 로자의 꽁무니를 따라다니는 리베 씨를 보면서 로자와 로자의 동료들이 신나게 깔깔댑니다. 「테리에 집」에 등장하는 위 문장은 split one's sides with laughter(배꼽 빠지게 웃다)라는 표현을 써서 이런 그들의 모습을 실감나게 묘사하고 있습니다. 본서에는 이처럼, laugh until one cries(웃어서 눈물이 다 나다), laugh until one's sides shake(배를 움켜쥐고 웃다), choke with laughter(숨이 넘어가게 웃다), laugh one's head off(자지러지게 웃다) 등 신나게 웃는 표현들이 많이 나온답니다. 모아서 보실까요?

They laughed until they cried.
그들은 너무 웃어서 눈물이 날 정도였다.

He laughed until his sides shook.
그는 배를 움켜쥐고 웃었다.

Rosa was half choking with laughter.
로자는 웃느라고 숨이 넘어갈 지경이었다.

Loiseau began laughing his head off.
루아조는 자지러지게 웃기 시작했다.

앞으로는 신나게 웃었다는 표현도 영어로 멋지게 할 수 있겠죠?
아래 dialog처럼요.

A : Did you see John take off Professor Brown
   yesterday evening?
B : I did. Jane and I laughed until our sides
   shook.
A : The professor was right there, and he
   seemed amused too.
B : I don't doubt it. Gee, it's been a while since
   I laughed my head off like that.

A : 어제 저녁 존이 브라운 교수님 흉내 내는 것 봤니?
B : 그럼. 제인과 난 배를 움켜쥐고 웃었어.
A : 교수님도 바로 거기 계셨는데, 재미있어하시는 것 같더라.
B : 분명 그러셨을 거야. 세상에, 그렇게 자지러지게 웃은 것도
   오랜만이라니까.

그는 막 상점을 나서려던 참이었다.

He was about to leave the store.

「보석」에서 죽은 아내가 남긴 가짜 목걸이를 처분하려던 랑탱 씨는 그 목걸이가 진짜임을 알고 몹시 놀랍니다. 정숙한 줄로만 알았던 아내에 대한 배신감을 참을 수 없었지만, 금전적 어려움을 겪고 있던 그는 보석상을 나서며 다른 보석도 가지고 오겠다고 합니다. 이때 등장하는 위 문장에 막 …하려는 참이다 라는 뜻의 be about to부정사가 쓰였는데요, 이 표현과 같은 뜻을 갖는 표현으로는 be on the brink(verge, point) of + 명사 등이 있답니다.

Silence please, the play is about to start.
연극이 곧 시작되려 하니 조용히 해주십시오.

The two nations are on the brink of war.
그 두 나라 간에 일촉즉발의 전운이 감돌고 있다.

These species are on the verge of extinction.
이 종들은 멸종의 위기에 처해 있다.

Just when he was on the point of giving up, a brilliant idea came up.
그가 막 포기하려는 순간, 비상한 아이디어 하나가 떠올랐다.

이제, '막 …하려는 참이다' 라는 말을 다양하게 표현할 수 있겠
죠? 그럼, 아래 dialog를 보며 다시 한 번 익혀 보세요.

A : What are you doing this weekend? How
about a movie?

B : I was on the point of asking. Is there
anything you have in mind?

A : I think the film with Jamie B. is about to be
released.

B : Yes! Jane was at the preview, and she said it
was terrific!

A : 이번 주말에 뭐 할 거니? 영화나 볼까?

B : 나도 막 물어보려던 참이었는데. 뭐 보고 싶은 거라도 있어?

A : 제이미 B가 나오는 영화를 막 개봉할 것 같던데.

B : 그래! 제인이 그 영화 시사회 갔었는데, 정말 좋았다고 했어!

THE
CLASSIC
HOUSE

*offers
a wide range of world classics
in modern English.*